张力 著

律师谈公司治理

ON CORPORATE
GOVERNANCE

A Lawyer's Perspective

社会科学文献出版社
SOCIAL SCIENCES ACADEMIC PRESS (CHINA)

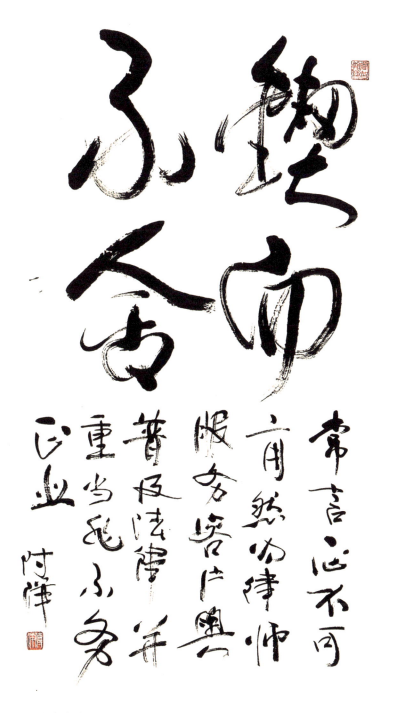

律师而弘人舍

常言正业不可有
然必律师服务咨询
奥普及法律重当毙
不多正业

付洋

北京市康达律师事务所合伙人会议主席付洋先生题词

前　言

是什么让公司治理问题提上日程？

韦尔-戈查尔-曼格斯律师事务所（Weil, Gotshal & Manges）公司治理实践项目合伙人律师霍莉·J. 格雷戈里（Holly J. Gregory）在所著的《公司治理：国际趋同已露端倪》一文中提出："过去十年发生的事情已经生动地说明，每当有动摇投资者信心的事件发生时，全球公司治理的局面就会改变。在这个紧密联系的时代，一个国家或地区的公司丑闻、财务危机会使其他经济体做出反应并进行改革。1997～1998 年的亚洲金融危机引发了横扫发展中国家和新兴市场的治理改革；2001～2002 年的美国安然公司财务造假丑闻在发达国家也产生了类似的广泛影响。"[1]

当然，国内虽然发生过几次大的股价下跌以及大面积债券违约事件，但还没有发生像上述严重动摇投资者信心的情形或事件。

作为律师，对公司治理这个题目的关注更多来自法律服务实践中的困惑：同样是创业，为什么有的公司成功了，而更多的失败了？同行业规模相当的公司为什么有的能够抓住行业发展机遇迅速上一个台阶；而有的始终徘徊不前，最终沦落到倒闭，连被收购的价值都没有了。对于家族企业来说，为什么有的公司老板和管理团队都非常勤奋，却多年不能突破发展的瓶颈？同为上市公司，为什么有的公司频频通过收购、增发等手段进行行业和资源整合，使自己的股票价格、市值不断攀升，迅速居于行业前茅；

有的却始终没有动作，最终沦落于卖壳。好好的公司为何经历一次股东争议瞬间就土崩瓦解了？

上述种种，看起来各有各的原因：盈利模式不成熟，关键时刻没有做出正确的决策，老板的格局、胸怀受限，等等。但是不是仅限于此？或者说除了这些表面的原因外，有没有其他深层次的原因？

后来我们发现，成功的公司各有各的秘籍，但无一例外，都有着良好的公司治理，即一方面股东之间、股东与董事会之间需要就公司运营的大事达成一致，另一方面管理层还要有好的制度和架构保证执行。反之亦然：诸如股东吵架、公司僵局、控股权争夺、公司重大投资决策失误、会计师出具无法发表意见的审计报告、现金流崩溃导致的公司破产等问题，究其实质，无一不是公司治理出现了问题。也就是说，良好的公司治理虽然不敢说是公司成功的充分条件，但一定是必要条件，是公司能够走得更远的制度保障。

这正是本书的由来——以律师的视角，从法律角度给商务人士分析、解读公司治理这个课题，希望给大家提供一点关于公司治理的法理、法律和操作层面的框架性认识。一方面，使大家有机会在思考和审视自己公司法人治理的时候不仅能够发现问题，也能够正确地处理和解决这些问题，从而可以逐步改善公司的治理架构，为公司未来能够走得更远创造条件。另一方面，也是承蒙读者厚爱，兑现自己在2016年9月所著《领读公司法》出版后关于部分专题可以独立成册的承诺，优先将公司治理这个专题独立成册。

为便于大家阅读，说明如下。

1. 本书阅读对象主要是商务人士。

2. 承接《领读公司法》中关于私公司（又称封闭公司）与公众公司的分类，本书主要从私公司和公众公司角度对法人治理制度的设计与实施进行深入分析。2 人以上股东的有限责任公司、股东人数低于 200 人且公司股票不上市交易的股份有限公司合称为私公司，沪/深证券交易所上市公司、新三板挂牌公司、由任何原因导致股东人数超过 200 人但股票不在上述三地挂牌的股份公司以及公开发行债券的公司合称为公众公司。这种划分方法，是实践中解决王保树教授所提出的我国《公司法》立法中存在"我们所面临的有限公司是封闭公司、股份公司也大部分是封闭公司的实态，并没有根本改变。并且，同是封闭公司却受到不同的规制"[2] 这个问题的一种方法。

3. 从法人治理角度讲，私公司拥有更多的意思自治，即在遵守法律强制性规定的前提下，按照公司股东自己的意愿安排相关事项；公众公司则需承担更多的义务与责任，并全面、主动、公开履行信息披露的义务。《领读公司法》对公司治理也有较为详尽的表述，除书中"私公司的组织架构和法人治理""公众公司的组织架构与法人治理"两个专题外，"股东与股东权利""董事、监事与经理层""股权激励""信息披露""独立董事""同业竞争与关联交易"等几个专题也包含了公司治理的内容。本书在系统论述过程中，相同的部分不再赘述，大家可以结合起来看。

4. 根据国内企业的实际情况，本书还关注了实践中大量存在的家族企业和国有企业[3] 的法人治理问题。外商投资企业按照是否公开发行股票或债券可以分别归至私公司与公众公司。通常来说，跨国公司在国内设立的外商独资企业或中外合资企业在法人治理方面做得都比较好，这些年国内公司在法人治理方面的理论和实践更多来自对跨国公司的学习。合伙企业不是主要的运营模式，目前业务主要集中在对外投资和股权管理方面，本书不单独讨论。实行集团化管理的公司在法人治理问题上除需要特别关注对子公司的股权管理问题外，其他与单一公司没有实质性差异，本书也不单独讨论。

私公司数量最多，公众公司数量少于私公司；家族企业中部分属于私公司，部分属于家族控股的公众公司；国有企业部分属于私公司，部分属于国有控股的公众公司，部分为非公司制企业。私公司、公众公司与家族企业、国有企业之间的自然逻辑关系如下图所示。

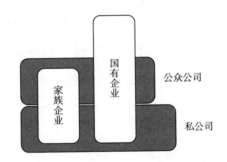

由于国有企业在法人治理上有自己的特点，所以，本书从法人治理角度，将上述企业分为国有企业与非国有企业两类，即国有独资和国有控股的私公司、公众公司归入国有企业，其他为非国有企业。

5. 文中国内诉讼案例均来自中国裁判文书网，关于公众公司的信息来自中国证监会、上海和深圳证券交易所、股转公司、香港联交所网站。

6. 文中所提《公司法》是指 2013 年 12 月 28 日修订、自 2014 年 3 月 1 日起实施的《中华人民共和国公司法》，为更好地理解，大家可以打印一份参阅。

还是那句话，希望这本公司法人治理方面的小册子能够对大家有用。

注 释

1. 霍莉·J. 格雷戈里（Holly J. Gregory）：《公司治理：国际趋同已露端倪》，载于〔美〕M. J. 爱泼斯坦（M. J. Epstein）、K. O. 汉森（K. O. Hanson）主编《公司治理》，聂细忠、张悦等译，北京大学出版社，2014，第 207 页。

2. 王保树主编《最新日本公司法》，于敏、杨东译，法律出版社，2006，《日本公司法告诉我们什么》（代序）部分第 13 页。

3. 本书之所以称"国有企业"而不是"国有公司"主要是基于实践中还有许多未进行公司制改制的全民所有制企业和集体所有制企业，所以，国有企业的称谓可以包括这类主体。即国有企业包括国有独资公司、国有参股公司以及非公司制全民所有制和集体所有制企业以及这些企业投资设立的公司。国务院国资委和财政部 2016 年 6 月 24 日联合颁布的《企业国有资产交易监督管理办法》（32 号令）第四条规定："本办法所称国有及国有控股企业、国有实际控制企业包括：（一）政府部门、机构、事业单位出资设立的国有独资企业（公司），以及上述单位、企业直接或间接合计持股为 100% 的国有全资企业；（二）本条第（一）款所列单位、企业单独或共同出资，合计拥有产（股）权比例超过 50%，且其中之一为最大股东的企业；（三）本条第（一）、（二）款所列企业对外出资，拥有股权比例超过 50% 的各级子企业；（四）政府部门、机构、事业单位、单一国有及国有控股企业直接或间接持股比例未超过 50%，但为第一大股东，并且通过股东协议、公司章程、董事会决议或者其他协议安排能够对其实际支配的企业。"本书国有企业范围同此规定。

目　录

什么是公司治理

一　公司治理的概念、内容与表现形式

公司治理/法人治理，起源于20世纪70年代，威廉·汤姆森1979年最早在《现代公司的治理》（*On the Governance of the Modern Corporation*）这一文献中将"公司治理"（Corporate Governance）明确为一个概念。公司治理的研究范畴跨越了管理学、经济学、法学、金融学、社会学等多学科。不同专业的学者从不同角度做不同的分析，得出不同的结论，对公司管理提出不同的意见和建议。

从法律角度，本书认同公司法权威教授崔勤之的观点，崔教授认为："公司治理就是公司组织机构的现代化、法治化问题。从法学角度讲，公司治理结构是指为维护股东、债权人以及社会公共利益，保证公司正常有效性地经营，由法律和公司章程规定的有关公司组织机构之间权力分配与制衡的制度体系。公司治理机构是一个法律制度体系，主要包括法律和公司章程规定的公司内部机构分权制衡机制以及法律规定的公司外部环境影响制衡两部分。公司的存在是离不开外部环境的。"[1]

（一）　内部法律关系与外部法律关系

从法律关系角度讲，法人治理法律关系又分内部法律关系和外部法

律关系。

内部法律关系主要是股东与股东之间、股东与公司之间、股东与董监高之间、公司与董监高之间的法律关系，内部法律关系调整的价值取向是在遵守法律强制性规定前提下允许公司和股东最大程度的意思自治。从这个角度讲，公司与员工之间的关系属于内部法律关系，一方面公司可以根据自身实际情况制定关于劳动用工方面的管理制度，另一方面，公司制定的劳动用工方面的管理制度又受到《劳动法》等强制性规定的约束。公司所有工作都需要通过人的劳动来完成，所以合法、适当地处理好劳动关系既是公司需要履行的社会责任，也是形成公司文化、实现公司可持续发展的基础。劳动法律关系不属于公司法律关系，不在本书讨论之列。

外部法律关系则是指公司与供应商、经销商、债权人、社区乃至政府之间的法律关系，外部法律关系法律规制的价值取向是维护交易秩序和交易安全，最大限度尊重交易的稳定性。

其中，内部法律关系又分为两个层面：股东、董事与经理层之间的关系，公司内部组织架构设置以及各部门之间的关系（见图1）。

图1　内部法律关系

第一层面股东、董事与经理层之间的关系又可以继续分解为四部分：股东与股东之间的关系，股东与公司之间的关系，董监高与股东之间的关系，公司对董事高管的授权、激励与约束（见图2）。

图 2 公司股东、董事与经理层之间的关系

(二) 公司治理的功能模块

从公司治理的功能角度讲,可以分为决策、执行和监督三大功能,三大功能之间的关系如图 3 所示。

图 3 公司治理三大功能关系

(三) 包含法人治理的文件

公司内部法律关系当然会以章程等文件形式表达出来;外部法律关系如客户对公司的要求(如 ISO 标准)、公司对供应商的要求以及公司注册地、经营地法律规定都需要转换为公司的内部具体规定才能确保执行,因此,也需要以各部门制度、流程等方式表达出来。

以法人治理相对完善的公众公司为例,包含法人治理内容的文件大致包括如下几种。

(1) 公司章程:约定股东与股东之间的权利义务,公司董事会、监事会基本组成，股东大会、董事会、监事会和经理层职权等，是可以长期适用于公司、股东、董事、监事和高管的基本行为准则。

（2）特别股东协议：指公司与个别股东之间在某个事项上的特别约定，如通过定增协议、重大资产重组协议中约定的事项。

（3）不适合出现在章程中的对股东、董监高等特别约定的事项，如临时性、阶段性安排，可以以股东（大）会决议的方式呈现。

（4）根据公司章程确定的基本原则制定的股东大会议事规则、董事会议事规则和监事会议事规则，涉及会议的召集、召开、表决等程序。

（5）根据公司章程确定的基本原则制定的战略、薪酬、审计等董事会各专业委员会工作职责，独立董事工作办法、董事会秘书工作办法。

（6）信息披露管理办法。

（7）对外投资、关联交易、对外担保等非经常性行为管理办法。

（8）公司组织架构设置图以及各部门工作职责、工作流程衔接。

（9）财务管理制度，生产管理制度，销售管制制度，研发、仓库管理制度等。

（10）人力资源管理制度，高管薪酬、考核、激励与约束制度。

（11）结合 OA 的信息化管理制度。

（四）公司权力层级和部门设置

以制造业的公众公司为例，表达公司权力层级和部门设置的组织结构一般如图 4 所示。

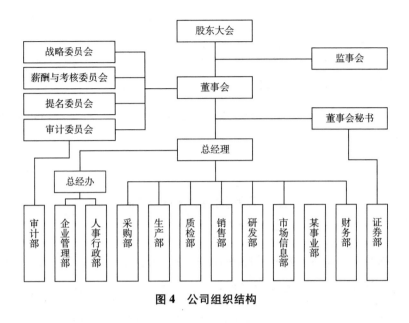

图 4　公司组织结构

（五）为什么是法律角度

（1）从法人治理的内容看，法人治理是股东、董监事、高管关于公司设立与运营的组织架构设置，既有共向性，如适用于全体股东、董事和高管；也有非共向性，如对大股东在股权处置权上的约束、对技术股东以及股权激励获得的股权表决权上的限制。究其实质，都是权利、义务安排，而权利、义务当然是从法律角度对市场经济做的诠释。

（2）从对公司治理的规制角度看，部分是强制性的，部分是意思自治，如何辨别，法律是最准确的角度。

（3）从公司治理的表现形式看，最终都将以具有法律意义的文件方式表现，也就是规则，所以，通过法律语言，能够把理说透，把问题说清楚。一方面设定合理的权利、义务和制度安排，最大限度地避免争议发生，另一方面，也会提前预判争议发生的节点，并能够在争议发生时提供可行的纠纷解决机制。

当然，作为一个跨学科的综合话题，单从法律角度论述不免使大家觉得枯燥、笼统。为此，本书在说理基础上，引用了大量有关业务、财务、管理的数据与案例，力图使读者能够更真切地感受公司治理的存在。

二 公司治理的价值取向

作为一个跨越管理学、经济学、法学、金融学、社会学等多学科的课题，不同专业的学者从不同角度对公司治理做出分析、研究，其宗旨都是让公司更好地做好从股东到董事以及组织架构和管理层等各方面工作，从而实现公司的可持续发展，最大限度地保障公司利益和股东利益最大化，即公司成功。[2] 所以，虽然若干年来，不同时期对公司治理价值取向的研究有不同的结论，但就当前阶段，公司成功可以说是各国公司法学者公认的公司治理的价值取向。从公司成功角度讲，我们不能讲好的公司治理一定能够保证公司的成功，但反之是成立的，即良好的公司治理是公司成功的必要条件，是公司成功的制度保障。进一步讲，为这种制度保障提供力量源泉的便是公司文化。

何为公司成功？我想从股东、董事高管、职工等各个不同的角色出发会得出不同的结论，但下列事实相信大家都会认同：餐饮企业真功夫连锁店开遍全国各地，业绩蒸蒸日上，但最后股东纷争、创始人入狱——从创始人角度看，这不能算是公司成功；前段时间中兴通讯部分业务被美国封杀，这对于公司、股东和员工来讲，也很难说是成功。这就是我们经常说的，公司成功是一个长期目标，需要相对较长时间的市场检验才可以得出结论。

所以，所谓公司成功，应该是公司在持续发展的前提下，平衡股东、董事高管、职工以及公司客户、供应商乃至债权人各方的利益，从更长远的角度看，各方的利益都最大限度地得到了满足，同时也必然能够承担更多的社会责任。

三 如何评价公司治理架构的优劣

从公司治理价值取向我们可以得出基本的结论：能够促使公司成功的法人治理结构就是良好的公司治理；反之，则是有缺陷的。

良好的公司治理需要如下条件：一是设定可以有效维护股东信任和良好沟通关系的制度，该制度能够得以有效实施；二是选好董事高管；三是对董事会科学、合理地授权并建立有效的激励与约束制度；四是公司组织架构与管理制度科学、合理，符合公司实际情况和企业管理的基本规律，股东、董事会的正确决策能够得到有效执行，并通过有效制度防止错误的发生。

（一）评价公司法人治理架构优劣的因素

客观地讲，需要综合考虑如下三个方面。

1. 是否符合公司治理基本法律要求及管理方面的通常规律？

市场经济条件下，法律是最低要求，违反强制性法律规定的约定或做法都无法得到法律的支持，也自然会付出代价；公司管理本身是一门独立的学科，有着自己的规律，也需要公司遵守，当然，这些规律不是强制性的，是倡导性的，违背规律的代价只能由公司自己承受。

2. 是否适合基本情况且不构成未来发展障碍？

对于不同的公司而言，如传统工业生产企业与贸易企业、汽车零部件生产企业与消费品生产企业、生产企业与互联网企业，在公司治理和管理上有着相当大的差异；从股东情况来看，对于同样行业的管理，国有企业和家族企业方法不一样，私公司与公众公司也自然不同。所以，不存在放之四海皆准、适合所有公司的一劳永逸的模块化的治理方式。

3. 公司是否制订了适合自己的长期发展战略规划？

对于公司而言，战略是定位，是聚焦，尤其是在当前的新经济时代。战略解决的是方向问题，如有的公司专注于环保，从环保工程入手到环保产品与服务提供，仍然不失环保的方向；有的投资类公司明确自己的投资方向，如专注于军工方向、医药方向、大消费行业等；还有的投资类公司用负面清单的方式定位自己的投资方向，如不投房地产、不投互联网；等等。公司在确定了方向后再去深耕，自然是有收获的，尤其是在经济低谷的时候。因此，公司要根据自己的实际情况和外部环境的变化适时制订适合自己的长期发展战略规划，战略规划的制订需要股东之间、股东与董事高管之间在充分沟通的基础上达成一致，适合公司的实际情况，并能够作为公司制订具体工作计划和各种管理制度、办法的基础。同时，战略也要根据公司自身的变化、市场与外部环境的变化适时调整，且能够实施。

4. 外部法律关系的处理是否合法、适当？

公司设立初始资本和资源来自股东，一旦设立完成，公司进行业务经营时就需要获得外部的支持，包括供应商提供的合格的原材料和账期支持、客户给予的接受公司产品或服务并支付价款的支持、银行向公司提供的股东出资不足部分的资金支持，同行业、外部研发机构给予的技术支持，特别行业如重污染行业等还需要充分考虑环保的因素、社区及当地政府的意见，在境外设立的公司也需要遵守注册地和营业地的法律、法规，等等。公司规模进一步扩大后所需要的外部社会资源支持范围更广、层次更深，如公开发行股票或债券需要资本市场支持等。上述一系列外部法律关系的处理更多是强制性的，无法通过协商解决，与供应商、客户以及银行债权人、外部社会力量等的商事行为可以协商，但这种协商也取决于公司实力。所以，外部法律关系处理一定要合法、适当，否则会直接影响公司的持续发展。

（二）公司治理动态评价

由于公司的发展是动态的，因此，公司的法人治理架构也是动态的、发展的，所以，对公司治理的评价也应当是动态的、发展的。即某一阶段公司的法人治理架构存在缺陷，但公司及时做了调整，调整后的架构能够符合当时公司的基本情况并有利于未来的发展，则仍然能够从公司治理角度促使公司成功这一目标的实现，那么这时候我们仍然讲，此时该公司的法人治理架构是好的，不存在重大缺陷。

（三）公司治理体检：介绍几个全球知名的公司治理评级系统

坦率地说，公司法人治理中存在的问题通常在关键时刻通过特别事件才能表现出来，也才能够受到社会的广泛关注，如 2015 ～ 2017 年宝能系对万科（000002.SZ/02202.HK）控股权的收购，又如 2018 年中兴通讯（000063. SZ/00763. HK）被美国政府相关部门处罚。

但是，正如现在人们越来越重视每年的身体检查一样，加强日常健康管理，尽量不要等到疾病严重了才开始治疗，要知道，很多疾病如果没有尽早发现而错过治疗的时机，是会产生严重后果的。目前很多公司也开始做这种体检，包括对公司治理的体检，其目的也在于尽早发现公司在法人治理中存在的问题（"疾病"），以便能够尽早处理，防止严重后果的发生。

给大家介绍几个全球知名的公司治理评级系统。

M. J. 爱泼斯坦（M. J. Epstein）和玛丽-乔西·罗伊（Marie-Josée Roy）在《公司董事会及董事会有效性评价》一文中指出[3]：

> 除了大型机构投资者（如美国教师退休基金或者加州公务员退休基金）已经开发出自己的指南和系统来评估公司治理行为之外，许多其他组织也开发出对股东、潜在投资者和债权人等公开的公司治理评分系统。

表 1 列出了一些著名的公司治理评级服务所考虑的因素。为了加深理解，表 1 包括不同种类的组织：标准普尔（Standard and Poor）和穆迪（Moody），它们都是领先的信用评级公司；美国机构投资者服务机构（ISS）和公司图书馆（The Corporation Library，TCL）是重要的投资和研究公司，它们为众多的机构股东提供服务。国际政治标准公司（Govermance Metrics International，GMI）专注于治理评级；戴米诺（Deminor）评级是一家提供公司治理服

务的欧洲咨询公司的子公司；戴维斯全球咨询（Davis Global Advisor，DGA）是专做全球公司治理的咨询公司。

表1　主要公司治理评级系统要素

评级组织	指标
标准普尔	1. 所有制结构，2. 金融利益相关者关系，3. 财务透明度和信息，4. 董事会结构与流程
穆迪	1. 董事会，2. 薪酬协议与相关行为，3. 信息披露，4. 公众股东赖以存在的法律/管理结构和安排，5. 股东投票和其他所有者权利
ISS	1. 董事会结构，2. 章程与细则条款，3. 州立公司法，4. 经理与董事薪酬，5. 财务表现等数量指标，6. 董事与经理持股情况，7. 董事受教育水平，8. 审计
TCL	1. 所有制结构，2. 董事持股情况，3. 董事会组成，4. CEO薪酬，5. 股东反应敏感程度，6. 诉讼与罚款，7. 问题董事
GMI	1. 董事可信度，2. 财务披露和内部控制，3. 经理薪酬，4. 可控制的市场与所有权基础，5. 公司行为与公司社会责任问题，6. 股东权益
DGA	1. 最佳实践准则，2. 非执行董事，3. 董事独立性，4. 主席/CEO分离，5. 董事会委员会，6. 投票权，7. 投票问题，8. 会计准则，9. 管理者薪酬，10. 收购
戴米诺	1. 股东权利与义务，2. 接管防御范围，3. 公司治理的披露，4. 董事会结构与运行

对于所有组织而言，评级系统只包括有限的指标。尽管每个评级组织系统采用的指标有所不同，但都包括四个基本因素：①对股东权利及接管防御的态度，②董事会结构及流程，③管理者薪酬，④信息披露程度。

四　公司治理的法律规制

（一）公司治理第一层面的法律规制

公司治理第一层面的法律规制包含三到四个层级。其中，单独适用于公众公司的部分，私公司不适用。

（1）法律——效力等级最高。包括《公司法》，广泛适用于私公司和公众公司、国有企业；《证券法》，仅适用于公众公司；以及最高人民法院关于《公司法》《证券法》法律适用的司法解释〔公司法司法解释（一）、（二）、（三）、（四）附后〕。

（2）国务院颁布的行政法规——效力等级次之。如《国务院批转证监会关于提高上市公司债务意见的通知》《国务院关于进一步促进资本市场发展的若干意见》《国务院关于开展优先股试点的指导意见》《国务院关于全国中小企业股份转让系统有关问题的决定》《国务院办公厅关于进一步完善国有企业法人治理结构的指导意见》等。

（3）证监会颁布的部门规章，以证监会令和公告形式发布，仅适用于公众公司。如《上市公司章程指引》《上市公司收购管理办法》《上市公司重大资产重组管理办法》《上市公司信息披露管理办法》《上市公司股东大会规则》等。为鼓励上市公司建立健全法人治理结构，2002年1月7日，中国证监会会同国家经贸委联合发布《上市公司治理准则》（证监发〔2002〕1号），并于同日实施。

2018年9月30日，中国证监会发布修订后的《上市公司治理准则》（证监会公告〔2018〕第29号）并同时废止上述证监发〔2002〕1

号文。修订后的《上市公司治理准则》共十章九十八条，主要修改内容如下。①紧扣新时代主题，体现中国特色公司治理新要求：一是将新发展理念等根本要求贯彻到公司治理中，二是增加上市公司党建要求，三是服务保障"三大攻坚战"。②立足投资者结构特点，强化中小投资者合法权益保护：一是突出中小投资者作为股东享有的权利保障，二是加强对控股股东、实际控制人及其关联方的约束，三是发挥中小投资者保护机构的作用。③借鉴国际经验，体现公司治理最新发展趋势：一是增加机构投资者参与公司治理有关规定，二是重视中介机构在公司治理中的积极作用，三是强化董事会审计委员会的职责，四是确立了环境、社会责任和公司治理（ESG）信息披露的基本框架。④结合实践发展，对新情况、新问题做出规范：一是规范上市公司控制权变动中公司治理相关问题，二是对独立董事强化职权并规范要求，三是健全上市公司评价与激励机制，四是完善信息披露要求，增加上市公司透明度。

（4）沪/深证券交易所以及股转公司发布的适用于公众公司的规范性文件和要求。如《上海证券交易所股票上市规则》《深圳证券交易所股票上市规则》《上海证券交易所交易规则》《深圳证券交易所交易规则》《上市公司规范运作指引》《控股股东、实际控制人行为指南》《全国中小企业股份转让系统业务规则》以及信息披露指引等。交易所的上述规则虽然没有法律上的效力，但交易规则、信息披露等是公众公司必须遵守的行为准则，指引类规则对公司有倡导意义，对于规范公众公司法人治理和提高治理水平有着积极的意义。

上述公司治理第一层面的规制，部分是强制性的，部分是倡导性的，允许公司和股东意思自治。

（二）公司治理第二层面内容的规制

1. 《企业内部控制基本规范》

2008 年 5 月 22 日，财政部依据《公司法》、《证券法》和《会计法》制定《企业内部控制基本规范》（财会〔2008〕7 号），自 2009 年 7 月 1 日起在上市公司范围内施行，鼓励非上市的大中型企业执行。执行该规范的上市公司，应当对公司内部控制的有效性进行自我评价，披露年度自我评价报告，并可聘请具有证券、期货业务资格的会计师事务所对内部控制的有效性进行审计。

该文件第三条明确指出大中型企业的内部控制是由企业董事会、监事会、经理层和全体员工共同实施，旨在实现控制目标的过程。内部控制的目标一是合理保证企业经营管理合法合规，二是资产安全，三是财务报告及相关信息真实完整，四是提高经营效率和效果，五是促进企业实现发展战略。

该文件指出，企业建立与实施内部控制应当遵循的基本原则是全面性、重要性、制衡性、适用性和成本效益。

企业建立与实施有效的内部控制，应当包括下列要素。

（一）内部环境。内部环境是企业实施内部控制的基础，一般包括治理结构、机构设置与权责分配、内部审计、人力资源政策、企业文化等。

（二）风险评估。风险评估是指企业及时识别、系统分析经营活动中与实现内部控制目标相关的风险，合理确定风险应对策略。

（三）控制活动。控制活动是指企业根据风险评估结果，采用相应的控制措施，将风险控制在可承受度之内。

（四）信息与沟通。信息与沟通是企业及时、准确地收集、传递与内部控制相关的信息，确保信息在企业内部、企业与外部之间进行有效沟通。

（五）内部监督。内部监督是企业对内部控制建立与实施情况进行监督检查，评价内部控制的有效性，发现内部控制缺陷，应当及时加以改进。

2.《企业内部控制应用指引》

2010 年 4 月 15 日，财政部、证监会、银监会、审计署和保监会依据《企业内部控制基本规范》联合发布了《企业内部控制应用指引》（共 18 项内容，又称"内控 18 条"），适用于大中型企业和上市公司。"内控 18 条"具体包括组织架构、发展战略、人力资源、社会责任、企业文化、资金活动、采购业务、销售业务、研究与开发、资产管理、工程内容、担保业务、业务外包、财务报告、全面预算、合同管理、内部信息传递、信息系统 18 项具体内容。

3.《小企业内部控制基本规范》（试行）

2017 年 6 月 29 日，财政部依据《公司法》《会计法》《企业内部控制基本规范》制定了《小企业内部控制基本规范》（试行）（财会〔2017〕21 号），自 2018 年 1 月 1 日起实施。该文件适用于在中华人民共和国境内依法设立的、尚不具备执行《企业内部控制基本规范》及其配套指引条件的小企业。

小企业一般为私公司，且规模小、所有权与经营权没有完全分离，因此，在内控目标、内控原则、基本要求以及保证内控目标实现的责任人方面均与大中型企业具有差异：该文件第三条指出小企业的内部控制是指由小企业负责人及全体员工共同实施的、旨在实现控制目标的过程。小企业内部控制的目标有三：一是合理保证小企业经营管理合法合规，二是资金资产安全，三是财务报告信息真实完整可靠。

小企业建立与实施内部控制，应当遵循的基本原则是风险导向原则、适用性原则、实质重于形式原则和成本效益原则。

小企业建立与实施内部控制应当遵循的总体要求如下。

（一）树立依法经营、诚实守信的意识，制定并实施长远发展目标和战略规划，为内部控制的持续有效运行提供良好环境。

（二）及时识别、评估与实现控制目标相关的内外部风险，并合理确定风险应对策略。

（三）根据风险评估结果，开展相应的控制活动，将风险控制在可承受范围之内。

（四）及时、准确地收集、传递与内部控制相关的信息，并确保其在企业内部、企业与外部之间的有效沟通。

（五）对内部控制的建立与实施情况进行监督检查，识别内部控制存在的问题并及时督促改进。

（六）形成建立、实施、监督及改进内部控制的管理闭环，并使其持续有效运行。

上述公司治理第二层面的规制都是倡导性的，允许公司和股东意思自治。

　　　　　　　　　　　　／律师谈公司治理

五　公司治理的全球化

就公司治理的发展，阿德里安·卡德伯里爵士（Sir Adrian Cadbury）在《公司治理的兴起》一文中指出，公司治理的发展"一方面，它不仅制定了国家治理指导原则，还制定了国际治理指导原则；另一方面，它的目标拓宽到鼓励经济增长和资本的自由流动领域。透过这些发展，就总体利益而言，公司治理不单单是一种更好地指导和控制公司的方式。它现在关注的是，如何在最高的水平上和最宽的范围内在经济目标和社会目标、私人目标和公共目标之间取得平衡。治理架构适度鼓励有效率地利用资源并平等要求对资源的管理工作承担责任。结果是，公司治理发展成为一种使个人利益、公司利益和社会利益尽可能地保持一致的方式。这是一个异乎寻常的转变"。[4]

（一）世界各国经济发展的不平衡对公司治理的影响

以美国为代表的西方国家，市场经济发展时间从 17 世纪初成立荷兰东印度公司和英国东印度公司算起，到现在已有 400 多年历史。纽约证券交易所的成立时间如果从 1792 年 5 月 17 日的梧桐树协议算起的话，到现在也有 200 多年历史了。其间不仅经历过工业革命时期的经济大繁荣，也遭遇过几次大的衰退，如 1929~1933 年的股灾、2000 年互联网泡沫破裂，以及能源巨人安然公司崩溃、安然公司的审计师安达信倒塌、通信公司世通破产系列事件，2008 年美国次贷危机等。美国等发达国家公司治理的特点为：①从公司组织形式讲，美国大型公司中的大多数都选择了公众公司而不是封闭公司（私公司）或合伙来从事商业活动[5]，国有企业数量更是少之又少；②证券市场非常发达，交易品种极其广泛，交易活跃，投资者有更多的退出机会可以选择；③市场经济成熟，规则明确、市场经济主体相对理性、中介机构也发达。因此，发达国家公司治理整体处于较高水平，这一方面是时间发挥的效应，另一方面，几次大的集中衰退发生都会引发市场各方更深入的思考和相应的调整措施，从而使公司治理更加理性。这些年中国公众公司治理的许多理论和模式很大程度上参考了美国的经验。

欧洲国家经济发展历史久远，经营时间超过百年的企业比比皆是：我曾在维也纳随便买了一双鞋，回去一看制造企业是一家成立于1838年的德国公司；在德国慕尼黑逛慕尼黑皇家博物馆（"二战"后在皇宫宫殿的基础上重建并设立为博物馆），累了就在附近一家酒店坐下，桌子上的啤酒牌显示酒店成立于1240年；巴黎证券交易所成立于1724年、英国伦敦证券交易所成立于1773年，迄今为止成立时间均超过200百年。东南亚国家和地区经济发展起步时间虽然晚于欧洲、美国，但势头迅猛，到20世纪六七十年代就到达了顶峰——创造了"亚洲四小龙"的辉煌。据粗略统计，全球存续时间超过150年的企业日本最多——其中既有小规模的私公司和家族企业，也有像三井这样的大财阀。东京证券交易所成立于1878年，至今也超过百年。这些国家和地区市场经济成熟程度以及公司治理水平都在我们之上。

与发达市场经济体相比，中国经济发展起步晚、基数低，从20世纪70年代末改革开放开始算起，到2018年也不过40年的时间。也正是因为起步晚、基数低这两个特点，对生产力的束缚一旦放开，就会产生异常的力量，创造了连续多年经济发展速度呈两位数、全球第一的成绩。从公司治理的角度讲，中国的公司治理存在如下几个特点：①从公司组织形式上讲，私公司是主要组织形式，公众公司数量不多（截至2018 年 6 月 1 日，沪市共有上市公司 1425 家、深市 2114 家、新三板挂牌 11311 家）；②从公司占有的资源角度讲，国有企业所占份额较高，超过非国有企业，以全民所有制经济为主，民营企业及其他经济形式为辅；③由于我国处在市场经济初级阶段，因此，整个市场经济规则成熟程度不高，公司治理水平也处于初级阶段。此外，前期快速发展过程中掩盖了很多问题，在当前经济增速放缓的情况下，很多公司问题也开始集中爆发，如股东争议、公司破产、家族企业的存续问题、公众公司的诚信问题等，大家逐渐开始关注公司治理这个课题。

（二）国际化进程对公司治理的影响

公司是经济国际化与全球化最真切的感受者和实践者，可以说，20世纪 70 年代末改革开放以来，外资进入中国市场给国内企业在公司治理上带来了重要的影响，外资公司成熟的管理模式和先进的管理理念在很大程度上影响了国内企业，这种影响主要通过两种渠道完成：一是通过供应链关系对上下游企业进行影响，二是通过外资公司培养的大批职业经理人对国内企业进行影响。

从青岛啤酒（600600.SH/00168.HK）1993 年 7 月 15 日成为内地第一家香港上市 H 股公司开始，中国企业开始了国际化进程，内地企业到香港地区、美国等主要境外股票市场发行股票并上市、境外发行美元债以及境外公司在境内股票市场发行股票并上市工作都在积极开展中。最近一段时间以来，这种国际化的操作更加频繁：如 2018 年 6 月 10 日中国台湾企业富士康在大陆 A 股上市，7 月 10 日内地科技公司小米香港上市，6 月 11 日青岛海尔到德国发行 D 股获得中国证监会批准，CDR 也在大规模研究中[6]，证监会于 6 月 6 日发布《存托凭证发行与交易管理办法》（试行）。

从公司治理角度讲，国际化进程中的公司需要同时遵守两国/两地法律、法规规定，这对公司治理提出了更高的要求，对于任何一家公司来说，学习、借鉴、消化、吸收这些规定和要求，并根据自己公司的实际情况进行融合与转化，对于提升公司治理具有重要的意义。

（三）OECD《公司治理准则》：公司治理的全球化趋势

近年来，随着公司的发展、跨国公司业务的发展，公司治理的全球化成为各国投资者关注的内容。1999 年 5 月经济合作与发展组织（OECD）理事会正式通过《公司治理准则》，它是第一个政府间为公司治理结构开发出的国际标准，并得到国际社会的积极响应。OECD《公司治理准则》经过了 2004 年和 2015 年两次修订，主要内容如下。

（1）公司治理结构框架应当维护股东的权利。

（2）公司治理结构框架应当确保包括小股东和外国股东在内的全体股东受到平等的待遇；如果股东的权利受到损害，他们应当有机会得到补偿。

（3）公司治理结构框架应当确认利益相关者的合法权利，并且鼓励公司和利益相关者为创造财富和工作机会以及为保护企业财务健全而积极地进行合作。

/律师谈公司治理

（4）公司治理结构框架应当保证及时准确地披露与公司有关的任何重大事项，包括财务状况、经营状况、所有权状况和公司治理状况的信息。

（5）公司治理结构框架应当确保董事会对公司的战略性指导和对管理人员的有效监督，并确保董事会对公司和股东负责。

注　释

1. 崔勤之：《对我国公司治理结构的法理分析》，《法制与社会发展》1999 年第 2 期。

2. 〔美〕弗兰克·H. 伊斯特布鲁克等：《公司法的逻辑》，黄辉编译，法律出版社 2016，《前言》部分第 20 页。

3. M. J. 爱泼斯坦（M. J. Epstein），玛丽–乔西·罗伊（Marie-Josée Roy）：《公司董事会及董事会有效性评价》，载于〔美〕M. J. 爱泼斯坦（M. J. Epstein）、K. O. 汉森（K. O. Hanson）主编《公司治理》，聂细忠、张悦等译，北京大学出版社，第 195~196 页。

4. 阿德里安·卡德伯里（Adrian Cadbury）：《公司治理的兴起》，载于〔美〕M. J. 爱泼斯坦（M. J. Epstein）、K. O. 汉森（K. O. Hanson）主编《公司治理》，聂细忠、张悦等译，北京大学出版社，第 42 页。

5. 〔美〕玛格丽特·M. 布莱尔（乔治敦大学法律中心客座教授，布鲁金斯法学所高级研究员），〔美〕林恩·A. 斯托特（乔治敦大学法律中心法学教授）：《公司法的团体生产理论》，载于〔美〕弗兰克·H. 伊斯特布鲁克等著《公司法的逻辑》，黄辉编译，法律出版社，2016，第 228 页。

6. CDR（Chinese Depository Receipt），根据中国证监会 2018 年 6 月 6 日发布的《存托凭证发行与交易管理办法》（试行）第二条规定："本办法所称存托凭证是指由存托人签发、以境外证券为基础在中国境内发行、代表境外基础证券权益的证券。"具体地讲，是指在境外（包含中国香港）上市公司将部分已发行上市的股票托管在当地保管银行，由中国境内的存托银行发行、在境内 A 股市场上市、以人民币交易结算、供国内投资者买卖的投资凭证，从而实现股票的异地买卖。本次小米香港上市同时申请了 CDR，后来公司撤回申请，表示先行完成香港上市，待条件成熟后再启动内地上市进程。

公司治理内部法律关系架构

一 公司治理方面的法律强制性规定

公司法属于私法体系，意思自治是其基本原则。政府公权力介入并提供强制性规定的权力来源是对公司有限责任和股东有限责任的交换。这一点，与公民权利让渡部分给国家公权力，用国家公权力的力量制定规则、建立秩序、保障交易安全、维护交易稳定性、防止权利滥用的道理是一样的。

哥伦比亚大学法学院教授杰弗里·N. 戈登教授在《公司法的强制性结构》一文中指出："在现代公司法中，主要存在四种强制性规则：程序性规则（procedural）、权利分配性规则（power allocating，典型的例子包括董事会的管理角色、股东在选择董事过程中的投票权，以及股东罢免董事的权力等）、经济结构变更性规则（economic transformative，比如吸收合并或现有股东的股份将受到严重稀释的公司合并、公司重大或全部资产的出售、公司的解散等，这些行为在公司的整个存续期中通常只会发生一次⋯⋯一旦犯错，就基本上没有挽回的机会）和诚信义务规则（fiduciary standards-setting，董事、高管人员和控股股东的诚信义务）"。[1]

《公司法》及其司法解释中关于公司治理方面的主要强制性规定具体梳理如下。

1. 公司设立、出资、注册资本变更、合并、分立、注销、清算等基本条件和实施程序的规定。

2. 关于依法行使股东权利和控股股东权利，维护公司有限责任和股东有限责任的制度性规定。

3. 维护股东知情权、表决权、股权处置权和收益权以及诉权的规定。

4. 关于股东依法行使股东权利，不得滥用股东权利损害公司和其他股东利益的规定，以及控制股东不得滥用控股权损害公司利益和其他股东利益的规定。

5. 小股东权利特别保护制度，如《公司法》第七十四条和第一百四十二条第（四）款的异议股东回购请求权、股东大会决议和董事会决议的无效与可撤销。

6. 董监高的忠实与勤勉尽责义务。

7. 执行监事/监事会的职权。

8. 股份公司必须设董事会和监事会，以及对上市公司一年内购买、出售、对外担保金额超过公司资产总额30%的行为必须由股东大会审议的要求。

9. 上市公司的公开信息披露义务。

上述《公司法》中的强制性规定是公司和股东意思自治的边界，即违反各方主体法定权利的约定无效，而旨在增进各方权利的约定有效，能够产生相应的法律后果。

二　控股股东的诚信义务

从民事法律关系平等的基本原则出发，股东之间应当是平等的。但从股东投入和承担风险角度讲，股东之间又是不平等的：控股股东对公司投入最多，自然承担的风险也最大，尤其是公司设立和发展时期；小股东的本能是"搭便车"，投入少，承担的风险也小；当然，换个角度讲，如果公司运营成功，控股股东也是最大的受益人。从股东共向性目标看，公司设立和运营的重大事项需要各方达成一致，形成共同的意见作为董事会/股东（大）会决议方可实施。但无论是理论上还是实践中都存在无法达成一致的情形。从制度层面讲，解决这种无法达成一致的安排就是股份多数决，即以大多数股东的意见为公司的意见。

根据股份多数决，股东之间的法律关系也是不平等的：控股股东在股东会和董事会会议上拥有多数表决权，控股股东的意见基本上就是公司董事会和股东会的决议，因此，控股股东在很大程度上决定了公司发展方向和重大事项决策；而小股东无法改变大股东的意见，也无法推翻董事会/股东会的决议，也就意味着如果控股股东主导的公司董事会/股东会决策错误，小股东同样要承担由于控股股东决策错误而产生的风险。

股份多数决是一种程序正义，即公司作为主要的市场经济主体，需要同时关注决策的效率问题，也就是说在重大事项决策过程中既不能因为少数股东不同意而停滞不前，也不能因为少数股东的反对而影响大多数股东的意见，所以作为制度安排，法律层面就需要赋予异议股东提出董事会决议/股东（大）会决议无效/可撤销权、特别事项的异议股东回购请求权，以及控股股东滥用控股权损害其他股东权益时的诉权。

总而言之，股东之间法律关系的实质是平等的，对于有控股股东的公司来讲，这种股东之间的平等和平衡是通过对控股股东行为约束的制度来实现的；对于没有控股股东的公司来讲，这种平等和平衡是通过董事会/股东会决策的民主程序和效率的制度安排来实现的。

（一）初始股权结构设置的原则

初始股权结构的设置要以实现公司目的为目标，合理配置各方权利、义务，防止股权结构的先天缺陷。

（1）充分考虑公司实际情况（如业务、技术的成熟度，对资金的需求）、股东的意愿、出资能力，对公司运营所需的业务、技术、市场和资金进行合理配置的股权结构，将对公司业务发展有重要影响且有能力和意愿控制公司的一方作为控股股东。

（2）既要鼓励大股东积极作为，鼓励技术方积极作为，鼓励各股东齐心协力，共同做好公司，鼓励公司实现公司设立目标；也要防止大股东权利滥用，适当设置限制技术股东退出的条款，为非技术股东中的小股东设置退出渠道，事先设定公司目的不达的客观情况，并做出安排，防止公司僵局。

（3）为公司未来经营状况发生变化预留股权调整的路径与原则。

（二）保障全体股东权利的实现

具体内容见表1。

　　　　　　　　　　　　　　　/ 律师谈公司治理

表 1　股东权利实现的保障

股东权利	保障股东权利实现的制度安排
占有：将股权登记于公司设立文件或股东名册	工商初始登记与变动登记、股东名册
使用： ① 知情权：及时了解公司业务、财务状况 ② 股东大会提案权：需持有一定数量股权 ③ 提名非职工董事/监事 ④ 提议召开股东（大）会、董事会会议，并在满足法律规定的情况下自行召集、召开股东（大）会会议 ⑤ 参加股东（大）会并实行表决权 ⑥ 质询权、意见与建议权 ⑦ 监督权、股权退出权及诉讼救济	① 知情权的实现：私公司控股股东或董事会需及时将公司业务、财务状况以及公司发展中的大事告知其他股东（不论是否参与公司经营管理），上市公司需主动、公开履行信息披露义务 ② 股东（大）会提案权、召开股东（大）会/董事会会议提议权、自行召集召开会议权以及提起公司解散诉讼需持有一定数量和期限股权的股东方可行使 ③ 表决权是主要行使方式
收益：获得分红	制定明确、合理的分红政策并有效实施
处分：股权质押、继承以及出售	除法定限制外，对处分权的限制需获得股东同意

股东知情权的范围如下。

《公司法》第三十三条规定："股东有权查阅、复制公司章程、股东会会议记录、董事会会议决议、监事会会议决议和财务会计报告。股东可以要求查阅公司会计账簿。股东要求查阅公司会计账簿的，应当向公司提出书面请求，说明目的。公司有合理根据认为股东查阅会计账簿有不正当目的，可能损害公司合法利益的，可以拒绝提供查阅，并应当自股东提出书面请求之日起十五日内书面答复股东并说明理由。公司拒绝提供查阅的，股东可以请求人民法院要求公司提供查阅。"

第九十七条规定："股东有权查阅公司章程、股东名册、公司债券存根、股东大会会议记录、董事会会议决议、监事会会议决议、财务会计报告，对公司的经营提出建议或者质询。"

（1）实践中，股东对知情权要求的范围除上述法律规定外，还可以增加财务半年报/季报/预决算报告以及股东通过参加股东（大）会、董事会（通过委派的董事）审议公司重大事项过程中所了解的公司重大事项以实现其知情权。

（2）对于查阅会计账簿这种涉及公司商业秘密的情形，之所以要求股东具有正当目的，主要基于该等知情权一旦滥用，会给公司以及其他股东造成经济损失，因此，需要设立相应制度限制权利的滥用。

（3）对于私公司而言，大多数情况下股东所有权与公司经营权没有分离，大多数股东亲自参与公司经营管理活动，可以直接获取公司的重大信息，这种情况下知情权的满足不是问题。但对于规模较大的私公司来说，建立健全了董事会，或者在有股东不直接参与经营管理活动的情况下，股东知情权就应当由公司控股股东及/或董事会来保障实现。

（4）对于公众公司而言，董事会是信息披露负责人，公司控股股东及持股5%以上的股东也有信息披露的义务。公众公司需公开披露的信息如下：①股票上市交易前需预披露招股说明书/挂牌说明书，获准上市后需披露募集说明书、上市公告、审计报告、法律意见书、券商推荐报告及其补充报告；②股票上市后需披露公司年度报告及/或半年度/季度财务报告、股东大会/董事会/监事会决议；③专项披露：定向增发、配股、公开发行债券、可转债、重大资产重组、资产收购、公司收购、合并、分立、破产清算等事项；④股票上市后需披露的临时报告，指影响公司股票/债券价格的重大事项。

（5）《上市公司信息披露管理办法》中规定的上市公司需披露的年度报告的内容包括：①公司基本情况；②主要会计数据和财务指标；③公司股票、债券发行及变动情况，报告期末股票、债券总额及股东总

　　　　　　　　　　　　　　　/律师谈公司治理

数，公司前十大股东持股情况；④持股 5% 以上股东、控股股东及实际控制人情况；⑤董事、监事、高级管理人员的任职情况、持股变动情况、年度报酬情况；⑥董事会报告；⑦管理层讨论与分析；⑧报告期内重大事件及对公司的影响；⑨财务会计报告和审计报告全文；⑩中国证监会规定的其他事项。

关于股权退出权。

股权退出权即《公司法》第 74 条和第 142 条第（四）款规定的异议股东回购请求权，与《美国标准商事公司法》中的股东评估权[2] 内容基本一致。

根据法律规定，股东一旦完成出资，在公司正常存续的情况下，除非公司同意回购股东出资或者将股权转让与第三方，否则公司不得抽回出资。但是作为制度制衡，为了防止控股股东或大股东滥用控股权损害小股东利益，法律规定了异议股东（主要是小股东）回购请求权，基本内容如下。

《公司法》第 74 条规定（适用于有限责任公司）："有下列情形之一的，对股东会该项决议投反对票的股东可以请求公司按照合理的价格收购其股权：公司连续五年不向股东分配利润，而公司该五年连续盈利，并且符合本法规定的分配利润条件的；公司合并、分立、转让主要财产的；公司章程规定的营业期间届满或者章程规定的其他解散事由出现，股东会会议决议修改章程使公司存续的。"

《公司法》第 142 条规定（适用于股份有限公司）："公司不得收购本公司股份。但是有下列情形之一的除外……（四）股东因对股东大会作出的公司合并、分立决议持异议，要求公司收购其股份的。"

（三）维护小股东法定权利的实现——小股东的法定权利

表2　小股东法定权利

小股东持股比例	享有的股东权利	备注（《公司法》条款）
1/3 以上	股东会/股东大会审议特别决议事项时享有一票否决权	第 43 条
单独或合计 10% 以上	① 有权提议召开股东（大）会、董事会会议； ② 连续 90 日单独或合计持有公司 10% 以上表决权的股东在前置程序履行完毕后可以自行召集、召开股东（大）会会议； ③ 在公司僵局情况下，有权向法院申请公司解散	第 39 条、40 条、100 条、101 条、110 条、182 条，适用于全部公司
单独或合计 3% 以上	有权在临时股东大会召开前向董事会提出议案	适用于股份公司，第 102 条
1% 以上	有限责任公司股东、股份公司连续 180 日单独或合计持有公司 1% 以上表决权的股东享有股东代位诉讼权	第 151 条

以目前通行的 VC/PE 对标的公司投资所要求的小股东特别股权保护为例[3]，就投资者要求的股东权利的合理性做如下评析（见表3）。

表3　VC/PE 对标的公司投资所要求的股东权利评析

要求的股东权利	评析
知情权：要求公司按时提供年度财务报告、半年报或季报	合理，但如果提出随时可以查阅公司业务或财务数据则不合理
参与公司治理： ① 确定董事会/股东（大）会对公司重大事项等决策权，除法律规定外，增加预算外支出、非经常性业务、管理团队核心人员的调整、对经常性业	提议召开董事会会议以及明确董事会/股东（大）会权限合理且可操作，但在

　　　　　　　　　　　　　／律师谈公司治理

要求的股东权利	评析
务按照交易额和财务占比进行审议； ② 委派董事的情况下，明确部分事项需获得投资人委派董事的同意；不委派董事的情况下，明确部分事项需获得投资人的书面同意； ③ 提议召开董事会、股东会会议	持股比例低于 1/3 的情况下要求一票否决权不合理，也会增加公司僵局发生的概率
公司增资时的优先认购权、防稀释权（未来增资价格不得低于本次估值）、随售权（控股股东对外转让股权时有要求同比例出售的权利）、其他股东转让股权时的优先受让权	一般合理，但要考虑标的公司当前情况，如标的公司原章程已排除了公司增资时的优先增资权或优先受让权则不适用，但对未来增资价格的要求需客观
股权价格调整：以公司未来三年实现的业绩来调整公司估值，并相应调整股权数量	合理
业绩对赌与回购：对赌条件包括公司未来三年的财务和公司经营业绩，也包括实现上市的时间	一般来讲，如以公司未来上市为目标所做投资，则可以放宽对公司业绩及其他条件的要求
获得固定收益的权利，优先清算权	可以，但固定收益权或公司清算时的优先财产权都是以放弃表决权为条件
对于尽调过程中发现的重大问题，要求公司在合适时间处理完毕	合理，且可操作
享有提名一名董事的权利	可以，但应以持有一定比例股权为条件

（四）公众公司中小股东特别权利保护

（1）累积投票权制度。《公司法》关于累积投票制度的规定是倡导性条款。最新修订的《上市公司治理准则》中要求单一股东及其一致行动人拥有权益的股份比例在 30% 及以上的上市公司，应当采取累积投票制。

（2）上市公司股东大会公众股东的类别表决制度。目前，证监会和交易所要求上市公司股东大会表决时必须同时提供网络投票，给中小股东通过网络方式行使表决权必要的便利，并规定在审议可能影响中小股东权益的特别事项，如重大资产重组议案时，除获得参加股东大会的有表决权的股东 2/3 以上通过外，还需要单独披露网络投票表决情况。

（3）上市公司及其他信息披露义务人违反信息披露义务时对中小股东承担的证券民事赔偿责任。2003 年 1 月 9 日，最高人民法院发布《最高人民法院关于审理证券市场因虚假陈述引发的民事赔偿案件的若干规定》（法释〔2003〕2 号），明确规定了上市公司信息披露义务人因违反法律规定虚假陈述给投资人造成经济利益损害的，需要向投资人承担赔偿责任。可能承担责任的信息披露义务人包括：（一）发起人、控股股东等实际控制人；（二）发行人或者上市公司；（三）证券承销商；（四）证券上市推荐人；（五）会计师事务所、律师事务所、资产评估机构等专业中介服务机构；（六）上述（二）、（三）、（四）项所涉单位中负有责任的董事、监事和经理等高级管理人员以及（五）项中直接责任人；（七）其他做出虚假陈述的机构或者自然人。

（五）为什么要保护小股东的权益

实践中，很多公司创始人、控股股东都想不明白这个问题，因为创始人、控股股东确实在公司设立和业务发展初期以及危机时刻承担了公司主要经营风险，而小股东的本能是"搭便车"。为什么要从法律和制度层面特别保护中小股东权益，尤其是不参加公司业务和管理活动的股东权益？回答这个问题看起来难，但其实不难，要从公司有限责任的法律意义以及《公司法》关于鼓励投资的立法价值取向的角度来分析。

　　　　　　　　　　　　　　　／律师谈公司治理

我们知道，公司的法律意义是有限责任，对于任何一个公司的经营活动而言，小股东都无法改变大股东的决定，也就不能决定公司的业务和发展方向。这种情况下，如果没有制度上对小股东权益的特别保护，那么任何一个公司都不会有中小投资者，最后只剩下一人有限责任公司了。在一人有限责任公司形态下，股东承担有限责任是需要条件的：《公司法》第六十三条规定"一人有限责任公司的股东不能证明公司财产独立于股东自己的财产的，应当对公司债务承担连带责任"。没有了小股东，也就无法满足公司发展过程中为扩大生产规模而日益增长的融资和融智需求，《公司法》也不会实现其鼓励投资的立法宗旨了。

（六）谈王保树教授所述我国《公司法》中存在的问题

王保树教授指出了我国《公司法》立法中存在的问题——"我们所面临的有限公司是封闭公司、股份公司也大部分是封闭公司的实态，并没有根本改变。并且，同是封闭公司却受到不同的规制"。这个问题给实践带来了很多困惑，但如果将非上市股份公司归入私公司，问题就迎刃而解了。

例如，《公司法》第一百四十一条"公司董事、监事、高级管理人员应当向公司申报所持有的本公司的股份及其变动情况，在任职期间每年转让的股份不得超过其所持有本公司股份总数的百分之二十五"是强制性规定还是倡导性规定？是否允许非上市股份公司意思自治？

（七）正确决策

正确的决策需要很多条件，公司作为拟制的主体，无法自行决策，只能依赖人，包括股东和董事。所以，实践中我们发现：决策模式，即参与决策的人员构成对于决策正确与否还是有着重要影响的。

本书列示如下八种决策模式供参考（见图1）。

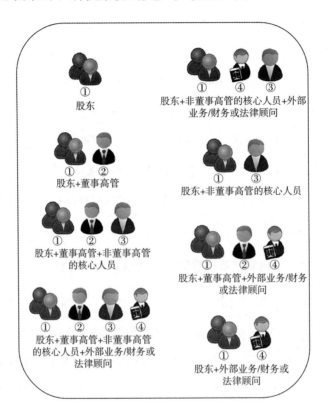

①股东

②董事高管

③非董事高管的核心人员

④外部业务/财务或法律顾问

图1　八种决策模式

　　　　　　　　　　　　　　　/律师谈公司治理

（八）防止股东争议发生的合理制度安排

表4　防止股东争议发生的合理制度安排

目　的	制度安排
防止大股东滥用控股权	① 禁止同业竞争，明确关联交易原则 ② 按照本章表1、表2明确股东权利实现的措施 ③ 明确大股东滥用控股权的法律后果，如其他股东有退出优先权，在大股东持股比例超过50%且其他股权分散情况下，增加小股东股权退出的情形及其操作办法* ④ 将部分普通决议提高至特别决议，部分特别决议事项通过比例提高至4/5
防止小股东滥用股东权利	① 禁止同业竞争 ② 持股比例低于1/3的股东慎用一票否决权
对溢价出资的小股东权益的特别保护（在公司管理僵局或公司设立目的不达或大股东滥用控股权、公司主营业务发生重大变更等情况下）	约定溢价出资的小股东的优先退出权以及大股东或公司的收购义务，并明确股权价格确定方法、股权退出的操作程序
对非现金出资的技术股东股权处置权的必要限制	约定公司技术或工艺达产达效、公司设立目的达到各方预期前，该股东股权股权处置权需受到合理的限制
以低于市场价格取得股权的股权激励者的必要限制	① 该股权的授予需与业绩考核相结合 ② 规定转让禁售期（如三年） ③ 禁售期满后不允许对外转让，只允许在原股东之间转让 ④ 通过股权激励平台间接持股的，其股权处置权和收益权的实现需按照股份多数决的意见
建立有效的一致行动人制度	① 一致行动人制度需要以充分的信任为基础，权宜之计不可取 ② 一致行动人制度需要合理的期限（三到五年），期限届满或者延续或者适时解除 ③ 一致行动期间大股东需要建立有效的沟通与协商机制，妥善处置个别股东的要求，保障其他股东权益的实现

目　　的	制度安排
防止公司僵局**	①在股东人数众多的情况下，避免需要股东会一致通过的情形，并尽量不约定需要全体董事一致的事项。 ②双方股东且股权比例基本相当，需明确无法形成统一的股东会/董事会决议，即公司僵局的解决措施，如一方股权退出其余股东接收，包括股权价格确定方法及其操作程序

　　*1. 如关于小股东（财务出资方）可以约定股权退出，大股东收购或公司回购的情形（除业绩对赌外）：

　　（1）连续三年/五年不执行分红政策；（2）达到事先明确的资本市场规划申报条件，但由于大股东原因未申报；（3）业务调整、公司主营业务方向做重大调整，公司出售主要资产；（4）大股东若是通过股权转让或增资方式进入，使原来的大股东成为小股东的，可以约定在业绩对赌款完成后，公司未来业绩达到一定条件的，大股东有义务按照事先约定的价格收购小股东股权；（5）消极条件：连续两年未召开股东会会议，未向股东提供财务报告，连续两年/三年低于事先设定的财务经营目标的公司；（6）后续章程修改中对原章程涉及股东权益的重大调整；（7）会计师事务所出具了否定意见或无法表示意见的审计报告。

　　2. 如关于小股东（技术出资方）的股权退出、大股东收购或公司回购的情形：

　　（1）公司预期设定的目标实现后，控股股东未启动资本市场规划，小股东可以要求全部或部分退出；（2）一期目标实现后，大股东未按照业务和技术要求完成资本募集，致使无法后续工作的。

　　**关于公司僵局：

　　《公司法》第一百八十二条规定："公司经营管理发生严重困难，继续存续会使股东利益受到重大损失，通过其他途径不能解决的，持有公司全部股东表决权百分之十以上的股东，可以请求人民法院解散公司。"

　　公司法司法解释（二）第一条第（一）款规定的公司僵局是指："（一）公司持续两年以上无法召开股东会或者股东大会，公司经营管理发生严重困难的；（二）股东表决时无法达到法定或者公司章程规定的比例，持续两年以上不能做出有效的股东会或者股东大会决议，公司经营管理发生严重困难的；（三）公司董事长期冲突，且无法通过股东会或者股东大会解决，公司经营管理发生严重困难的；（四）经营管理发生其他严重困难，公司继续存续会使股东利益受到重大损失的情形。"

　　除《公司法》第七十四条以及第一百四十二条第（四）款法律规定的情形外，可以增加小股东股权退出的情形；如公司连续两年未召集、召开股东会会议；连续两年未执行分红政策；公司主营业务发生变更时异议股东股权退出请求权（主营业务变更的认定标准也可以通过销售收入占比、利润占比等财务指标量化）；在明确大股东关于解决同业竞争问题的情况下，大股东超过一定期限仍未解决；未按照安排的公司治理架构向股东通报公司经营重大事项以及财务数据等。根据司法实践中对公司法诉讼最大程度尊重公司自治和股东自治的基本原则，上述股东之间的约定与安排在争议发生时是可以得到法律的支持的。

三　股东与董事会在重大事项决策上的科学分权与有效监督

（一）哪些事情必须由股东决定？

股东是公司成立的发起人，股东（大）会是最高权力机构和决策机构，决定公司战略、主营业务及其发展方向，因此，直接影响股东权益的事项都需要由股东决策。股东（大）会是公司权力的来源，即董事会经理层关于公司重大事项的决策权都来自股东授权，如无明确授权，则自然仍归股东（大）会决定。

1. 股东会法定职权——特别决议事项（2/3 以上多数通过）

表 5　特别决议事项（2/3 以上多数通过*）

序列号	具体事项	延伸事项	《公司法》相应条款
1	增加、减少注册资本	① 注册资本的初始认缴以及后续变更 ② 增资时原股东优先认购权问题是否可以意思自治？	第 37、43 条
2	合并、分立、解散、清算、变更公司组织形式	变更公司组织形式：有限责任公司变更为股份有限公司、股份有限公司变更为有限责任公司	第 37、43 条
3	修改公司章程	① 公司章程的初始达成需要全体股东一致同意，但修改时按照《公司法》规定 2/3 以上多数通过即可 ② 是否可以赋予股东在修改公司章程关键条款时的退出权？ ③ 是否可以将部分涉及股东权益重要条款的修改按照超级多数决（4/5 以上）审议？	第 37、43 条

序列号	具体事项	延伸事项	《公司法》相应条款
4	一年内资产购买、出售、担保金额超过公司资产总额 30% 的事项＊＊	① 对外投资以及其他经营行为是否也可以按此标准执行？ ② 其他非上市公司是否可以参考执行？	适用于上市公司，第 121 条

　　＊关于股东会审议事项表决权，《公司法》规定对有限责任公司和股份有限公司表决权计算的基数是不一样的，有限公司基数是以全体股东享有的表决权为基数，股份有限公司则是以参加股东大会的股东持有的表决权为基数。

　　＊＊关于公司重大事项认定标准，私公司有充分的意思自治。公众公司由于所有权与经营权分离，建立健全了董事会以及完善的董事会工作制度，所以，公司可以根据自己业务、财务的基本情况以及董事会成员的构成以及决策能力，将部分重大事项授权于董事会决定。在此前提下，《公司法》第 121 条强制性规定上市公司"一年内资产购买、出售、担保金额超过公司资产总额 30% 的事项应当提交股东大会审议"，即无论公司实际情况如何，交易总额超过公司资产总额 30% 的交易均对公司构成重要性，且不得授权董事会决策。

　　关于这一点，沈四宝教授编译的《最新美国标准公司法》（2006 年版）第 12.02 节"股东批准的特定资产处置"[4] 也做了类似规定，与国内上述规定不一致的地方有两处：一是我国公司法规定的重大事项包括资产处置，也包括购买和对外担保两种情形，美国公司法仅限于资产处置，资产处置的情形包括出售、出租、交换或其他方式；二是重大事项认定的标准不同，我国公司法是按照资产总额的 30% 作为认定标准，美国法律量化标准为"如果公司保持的商业活动，代表最近结束的财政年度末总资产的至少 25%，且代表该财政年度持续经营税前收入的 25% 或者持续经营毛收入的 25%"。

2. 股东会法定职权——普通决议事项（过半数通过）

表6　普通决议事项

序列号	具体事项	延伸事项	备　注
1	选举/解聘非职工董事和监事并决定其报酬	各股东可以提名的董监事人数、对董监事的资格要求、对董监事的其他激励与约束，如股权激励	《公司法》第 37 条
2	审议批准执行董事/董事会工作报告	① 是否设董事会？ ② 下年度董事会工作计划	《公司法》第 37 条

序列号	具体事项	延伸事项	备 注
3	审议批准监事/监事会工作报告	是否设监事会？	《公司法》第37条
4	审议批准公司财务预算方案	① 对上一年超出预算的部分进行事后确认 ② 对经审计/非审计的财务报告进行确认 ③ 对执行审计工作的会计师事务所的聘任	《公司法》第37条
5	审议批准公司利润分配方案和亏损弥补方案	拟定利润分配政策	《公司法》第37条
6	对公司发行债券做出决议	① 公开发行股票及其他证券是普通决议还是特别决议？ ② 申请股票到公开交易场所交易或主动申请退市是特别决议还是普通决议？	《公司法》第37条
7	公司经营方针和投资计划	公司战略规划	《公司法》第37条
8	对股东或实际控制人提供担保	是否延伸至其关联方？	《公司法》第16条
9	上市公司需审议特别事项	① 公开发行股票及其他证券 ② 特别担保* ③ 变更募集资金用途 ④ 聘任或解聘会计师事务所	《上市公司章程指引》
10	审议公司经营过程中发生的其他重大事项（涉及股东权益）	—	参考《公司法》第121条
11	对董事会的授权	授权董事会具体职权	《公司法》第46条

* 根据《公司法》和证监会发布的《上市公司章程指引》，特别担保事项是指：

"a. 公司及公司控股子公司的对外担保总额，达到或超过最近一期经审计净资产的百分之五十以后提供的任何担保；

b. 公司的对外担保总额，达到或超过最近一期经审计总资产的百分之三十以后提供的任何担保；

c. 为资产负债率超过百分之七十的担保对象提供的担保；

d. 单笔担保额超过最近一期经审计净资产百分之十的担保；

e. 为控股股东或实际控制人以及关联方提供的担保。"

3. 股东会/股东大会职权关于股东权利行使方面可以意思自治事项

表 7　关于股东权利行使可以意思自治的具体事项（举例）

序列号	具体事项	私公司适用	公众公司适用
1	公司初始注册资本出资方式、金额、认缴时间及其变更，不出资的后果，如除名	是	是，公开募集设立适用
2	股东转让出资的限制条件，如对大股东的限制、对技术出资方的限制，对外转让股权原股东优先受让权的行使	是	是，对外转让股权原股东优先受让权除外
3	表决权与出资比例、分配权与出资比例不一致的特别约定	是，但有条件：有限公司需获得全体股东同意，股份公司在章程有规定的情况下可以不按照持股比例进行分配	每一股份具有一表决权，同种类别的股份应当具有同等权利，在章程有规定的情况下可以不按照持股比例进行分配
4	明确大股东附随义务的履行，如关联事项处理、通知义务	是	是
5	增加小股东退出的情形	是	否
6	是否允许公司对股东提供担保	是	是
7	动态股权结构调整	是	否
8	公司僵局的情形及救济措施	是	是
9	公司设立目的不达的处理办法	是	否
10	股东提名董事、监事权利及其行使，董事会构成	是	是
11	增资时原股东是否享有优先认购权	是	是
12	表决权委托、累积投票、重大事项一票否决权、一致行动安排	是	是

　　　　　　　　　　　　　　　　　　　　／律师谈公司治理

序列号	具体事项	私公司适用	公众公司适用
13	增加公司重大事项的股东会审议通过比例	是	是
14	增加对股东竞业禁止义务的安排	是	是
15	分红政策的确定	是	是
16	是否允许股权继承，如是，继承的程序	是	是
17	是否允许股东以股权提供质押担保	是	是

（二）哪些事情可以授权执行董事/董事会决定？

表8　关于股东会对执行董事/董事会授权的具体事项（举例）

序列号	具体事项	私公司适用	公众公司适用
1	超过资产总额30％的资产收购、出售、对外担保、投资等重大事项	可，但需考虑董事会构成以及决策能力	否，《公司法》第121条
2	聘任或解聘会计师事务所	是	否
3	聘任或解聘总经理、副总经理、财务负责人并决定其报酬	是	是
4	财务预算外事项和支出的审议	是	是
5	关联交易事项的审议	是	否
6	对全体股东尤其是小股东的信息披露义务	是	是且需公开披露
7	拟定应当由股东会审议的所有事项的方案	是	是
8	解聘或聘任董事会秘书	是	是
9	公司股票到交易所挂牌交易或主动申请终止交易	否	否
10	预算外对外担保	是	是
11	会计政策变更	是	否
12	公司主营业务组织架构以及生产、销售、财务、技术、人力资源等部门设置、各部门职责	是	是
13	预算内事项与支出	是	是

（三）对于法律没有明确规定、公司章程也没有明确约定的应当由股东（大）会审议的事项是过半数通过还是 2/3 或者全体通过？

这是实践中经常产生困惑的问题，最近一段时间以来，新三板挂牌公司申请独立 IPO 或者与上市公司合作、并购需要摘牌，如果公司章程没有约定股东大会审议的具体情况，股转公司都要求全体股东同意，致使许多公司长期停牌。

其实，这个问题不难回答。

首先，在权利时代，任何事项要求全体成员一致同意是非常困难的，公司作为社团法人，也不例外。所以全体股东一致通过的事项一定限于特别情形，如《合伙企业法》（2007 年 6 月 1 日起实施）规定的新增合伙人可以全体一致通过，这种规定的根本原因是合伙人之间需要互相承担无限连带责任。即使在这种情况下，法律也允许约定除外。

其次，股份多数决是一种程序正义，即公司的重大事项需要遵从多数股东的意见，不能因为个别股东不同意而导致多数股东的意见无法实施，也就是说对于公司设立和运营中的大事来讲，《公司法》规定股东（大）会决议以 1/2 以上通过为原则、2/3 以上为例外，即法律规定的 2/3 以上多数通过的仅限于特别影响股东权益的情形：增减注册资本、分立、合并、注销、解散、变更公司组织形式、修改公司章程以及上市公司对超过资产总额 30% 的重大资产购买、出售和对外担保行为。因此，《公司法》规定 2/3 以上通过的事项为强制性规定，除非章程中增加了需要 2/3 以上通过的事项，否则需要股东（大）会做出决议的事项只要 1/2 以上通过即可。

　　　　　　　　　　　　　／律师谈公司治理

最后，我们通过一个案例看法院对这个问题的态度：最高人民法院关于海南海钢集团有限公司与中国冶金矿业总公司损害股东利益责任纠纷申请再审民事裁定书〔（2014）民申字第 1116 号〕。

法院认为，"本案中度假村公司与海韵公司的合作开发项目属于该公司一般性经营活动，无需经过代表三分之二表决权的股东通过，公司股东会决议过半数通过的做法并无不妥"。

（四）对于法律没有明确规定、公司章程也没有约定的对公司有重要性的事项应当由股东（大）会审议还是董事会审议？

这个是实践中经常产生困惑的问题，作为公司最高权力机构，股东（大）会有权决定公司重大事项，董事会对公司重大事项决策权来源于股东（大）会的授权，因此，除非股东（大）会有明确授权，否则都应当由股东（大）会决定。所以，回答这个问题应该不是那么困难，但实践中还是经常出现问题，成为董事会经理层内部控制、损害股东利益的工具。如万科以公司的名义举报时任公司重要股东宝能集团便是一例。2016 年 7 月 18 日、19 日，万科向中国证监会、中国证券投资基金业协会、深圳证券交易所和中国证监会深圳监管局提交了《关于提请查处钜盛华及其控制的相关资管计划违法违规行为的报告》，请求相关监管机构对相关资管计划是否存在违反信息披露及资产管理业务等相关法律法规的规定、相关资管计划将表决权让渡予深圳市钜盛华股份有限公司的合法性及钜盛华及其控制的相关资管计划是否存在损害中小股东权益等事项进行核查。

对此，深圳证监局随后发出监管关注函（深证局公司字〔2016〕

44号），明确指出"以公司名义向监管部门提交对公司重要股东的举报事项，有关决策程序不审慎"。

（五）对董事会经理层授权的原则

从法律上讲，按照民法的代理理论，《民法总则》第一百六十二条规定"代理人在代理权限内，以被代理人的名义实施的民事法律行为，对被代理人发生效力"。股东完成公司的设立后，公司就成为被代理人，董事高管的行为来自公司授权，通过公司最高权力机构——股东会完成授权，同时公司支付薪酬，也承担董事高管行为的法律后果。由于股东是公司权益最终享有者和剩余财产的所有者，所以，股东实质上是董事高管行为的法律后果承担者。可见，选好董事高管并正确授权是多么重要的事。

上述代理关系中，我们之所以不称股东为被代理人，除了前面所述原因外，第二个原因是作为代理人的董事高管在行为中除了要维护股东利益外，还需要同时兼顾公司债权人、供应商、客户、员工、社区乃至政府等其他利益相关者，也就是要承担公司的社会责任。

按照代理法律关系，处理股东会对董事高管授权的基本要素和原则如下。

（1）选好代理人，这是第一步。关于高级管理人员聘用，有两个可以借鉴的做法：一是外资公司以及规模较大公司在高管聘用上一直采取严格的多层级面试制度（一面、二面、三面等），二是律师事务所新增合伙人需要全体合伙人一致同意。

（2）授权明确。包括授权的事项和时间都必须明确，哪些可以为，哪些不可以为，必须有明确的界限。从股东会角度讲，董事高管是执行机构，但股东会毕竟不能时时处处自己决定，尤其是部分股东作为财务投资人，在不实际参与公司经营的情况下，董事高管在其授权范围内也有极大的决策空间。从谨慎原则出发，可以根据公司管理水平和董事高管的决策能力与职业状态，采取逐步授权、逐步放权的方式。如公司预决算执行得好的情况下，对经常性业务就可以多放权，将非经常性业务以及金额较大、重要性较强的事项决策权收归股东会。反之，团队比较弱、股东相对较强又能够直接管理和经营的，可以少放权。

（3）对代理人行为过程要有效监督。既要监督决策过程，也要监督执行过程，防止接受行为后果时的被动。如果出现执行过程中的错误，还可以及时启动纠错程序纠正错误，至少止损，防止更严重后果的发生。定期及不定期会议就是不错的过程监督手段。

（4）明确的激励与约束。约束的目的是防止最坏结果的发生，但激励则可能促使最好结果的出现。对于代理人来讲，以被代理人的名义努力工作获得的报酬和奖励必须明确、可操作，包括现金薪酬和股权激励，任何"画饼"都无济于事。从另一个角度讲，要激励就一定要有考核，考核根据公司的管理水平和信息化程度可以分为粗考与细考等多种方式，如条件允许，KPI指标应尽可能详尽。但考核指标的制定一定要更加客观、可操作，这样执行的时候才不至于产生歧义。但无论如何一定要有考核，哪怕是粗考。从激励角度讲，股权激励虽然不是试金石，但合适的股权激励一定能够达到长期激励效果。

惩罚是激励的对面，也称负激励，只有奖励没有惩罚条款也是不客观的。从成年人角度讲，作为独立民事主体，需自行承担行为的后果，包括积极的和消极的。董事高管作为代理人，由公司和股东承担法律后果，但如果对于其错误的决定或者行为董事高管自己不承担一定后果的话，最终一定无法创造出积极、相对公平和勇于担当的公司文化，长此以往，董事高管形同虚设，公司和股东的事也就只有股东自己着急了。最基本的罚则包括与考核相关的薪酬降低，因违反商业机密保密或竞业禁止义务而需承担的违约责任，过错行为导致的赔偿责任，以及连续几次考核不合格需予降级、降薪甚至被辞退的后果，等等。这些都需要事先设定并在实践中严格实施。

（5）必需的制度约束。由于被代理人承担法律后果，因此，代理权的滥用是符合逻辑的，也是会经常发生的事情，所以，需要有防止权利滥用的措施。当然，选好人、建立好的公司文化、情怀等不是不解决问题，但单靠这些显然不够，最有效的手段当然是制度——这是法治的基本理论。从制度约束的角度讲，部门设置和工作衔接流程中需要保留发现和检查错误的程序，这样，上一道工序的错误能够通过制度得到检验并无法进入下一道工序。信息时代，这个问题可以得到有效的解决，至少从公司收款和财务付款的流程控制看，很多错误是可以发现的。下文中，我将以合同签署与履行环节以及人力资源管理环节为例做详尽说明。

（6）接收工作成果。体现董事高管工作成果的包括销售团队新开发的大客户订单、技术团队攻克的技术难题、证券部门给公司完成的几亿元的再融资，也有些不是那么明显的工作成果，如法务团队给公司避免的损失；还有消极的工作成果，如一个大客户丢失、一个大项目履行过程中出现失误导致客户索赔等。这些都是过程单一的、非综合信息。但所有一切中最能体现董事高管工作成果的直接的、综合信息就是公司的财务报表——资产负债表、利润分配表和现金流量表，这些是公司经营成果的反映。但是，作为公司权益最终承担者的股东，应当问一下自己，能看懂这三张表吗？如果看不懂，怎么判断代理人工作成果？怎么发现经理人舞弊呢？

（7）越权无效。但是公司与董事高管之间的行为属于内部法律关系，法律上的表见代理[5]，即对第三人效力上处理起来有些困难，或者说更多时候难以对抗第三人，如公司章程中明确规定公司对外担保需经过股东会审议，某董事未经股东会同意就对外提供了担保，这种情况下如何认定担保的效力，法院判决见仁见智，更多时候是维护这种担保行为对第三人的效力。所以，公司只能先行承担责任，再内部追偿。因此，最好的处理办法也是从制度上保证董事高管无法越权，而不是等越权行为发生了再来补救。

（六）董事会内部工作机制

董事会内部工作采取集体决策机制，即程序决与多数决，充分体现了董事会平等对待所有股东，以实际行动贯彻股东平等与股东民主的原则。如《公司法》规定，董事会会议表决方式为每人一票，董事会会议必须有过半数董事参加，且过半数董事同意方可形成有效决议。

实践中如果公司章程中对特别重要事项做出特别超级多数决的特别约定，如要求2/3以上董事参加会议，且要求全体董事的2/3以上或全票通过方可形成决议是否有效？从意思自治的角度讲，这种安排属于公司内部制度，不涉及任何第三方的权益，只要按照法定程序通过即为有效，未来一旦涉诉，法院轻易不会否定这种安排的效力。但要注意两个问题：一是这种安排增加了公司僵局的可能性；二是从一定程度上讲，这种安排将公司重大事项决定权赋予了某一董事是否适当？[6]

就董事会内部工作机制，笔者曾仔细研究过中国平安（601318.SH/02318.HK）2018年3月19日股东大会审议通过的公司章程修改案。作为一家股权结构分散、全球知名的金融行业公众公司，中国平安在董事会内部工作机制诸多问题，如董事提名、会议方式、对董事长权限的约定、反收购措施以及董事勤勉尽责和防止个别股东滥用股权制度约束等多个方面都做出了非常好的实践。

（七）如何最大程度保证董事经理的忠实与勤勉尽责？

实践中，董事高管违反忠实、勤勉义务大概包括如下情形：从事与公司相竞争的业务，或者利用公司商业机会自我交易、泄露公司商业秘密和技术秘密、关键时刻错误决策、内部人控制、不作为等。

结合上述分析，如何保证董事经理的忠实与勤勉尽责这个问题的答案应该比较清晰了。但笔者作为律师，认为除了上述建立积极健康良好的公司文化、选好人、设定科学合理的法人治理架构并用好制度外，还要补充股东、公司与董事高管各方的诚信调查、合适的时机、相对公平的权利和义务配置。这一点与婚姻制度也无二致，把经营婚姻成功的秘诀用在公司治理上，不会发生大的错误。

什么是相对公平的权利和义务设置？

首先，从股东与董事高管关系来看，股东（大股东/董事长）处于主导地位，小股东出任大董事高管或者是非股东的董事高管处于劣势地位，因此，在良好的权利和义务关系配置这个问题上应当对大股东/董

／律师谈公司治理

事长提出更高的要求：诸如开放、宽容的心态，积极健康企业文化的建立，以及在诚信等方面做好表率。此外，对董事高管的选择、考察以及放权等问题上的主导权也归于大股东/董事长。

关于权利和义务的合理配置，有两个故事大家应该都熟悉。第一个故事是航空公司购买一家企业生产的降落伞，但使用过程中频发安全事故，最后航空公司提出生产降落伞的公司必须参加降落伞的试用，于是，安全问题顺利得到解决。第二个故事是早期通过海洋运输奴隶，委托人在开运前支付运费，但等到经过长期的海上漂泊后，到达目的地的人数骤减，因为各种原因导致的伤亡甚多。后来委托人调整了运费结算方式，以到达目的地的人数为结算运费依据，于是运输过程中的人员伤亡问题也自然而然得到了有效解决。这两个故事既是权利、义务配置的经典案例，也充分诠释了管理上的那句名言："好的管理就是最大限度地激发人的善意"——制度之魅力，值得大家思考。

就公司与董事高管相关的权利和义务配置问题，与岗位职责相当，薪酬排在首位。市场经济条件下，董事高管的薪酬政策以及行业管理制度也基本可以参考市场行情，过分偏离市场的行为未来都不会长久。IPO项目方面，证监会发审委对于招股书公告的高管薪酬明显低于或高于市场平均水平的情形，都需要公司给予合理的说明。过分高于市场平均水平说明公司有着高于市场的盈利能力，那就需要充分说明这种高于市场的盈利能力来源是什么，是否具有商业合理性。现金薪酬过分低于市场平均水平且董事高管没有股权的，则可能存在公司盈利水平不高，但为了净利润、资产收益率等财务指标不得不做低管理费用的情况，这种情况下，公司的持续盈利能力如何保障？如何能够招聘到高水平的管理者？

当然，现金薪酬不高，但管理层有股权，这种情况还是有一定的解释空间的。要知道，无论是行政审批制还是备案制，资本市场最终青睐的都是在某一方面如技术、研发、管理、销售等有过人之处的公司，而这种过人之处是可以支撑公司未来的持续盈利能力的。股权激励方案的设定也需要合理，否则也无法发挥激励董事高管的作用。

最近这些年来国内 VC/PE 投资公司迅猛发展，但公司如何对投资经理进行激励与约束，以防止投资经理的舞弊行为？为此，投资公司确实煞费苦心，后来大家发现让投资经理跟投就是一个简单、可操作且效果不错的制度安排。

（八）关于公司章程的修订

章程是公司的宪法，约定了公司设立、运营的基本规则，构成公司股东、董事、高管、监事等的行为规则。上述法人治理内部法律关系的安排大多可以记载于公司章程。伴随着市场经济行为的成熟，大家越来越重视章程的起草、修订工作。一方面，公司设立时股东对各自权利、义务、公司运营中的重大事项有了很多特别的约定，这些特别的约定适用于公司、全体股东和董监高，可能需要公司长期应用，如果不体现在章程中将难以保证日后的实施，所以，此前工商局提供的那种简单的、格式化的版本难以满足公司的要求；另一方面，一旦公司发生争议，法院在裁判时首先要看公司章程是如何约定的，只要这种约定不违反法律、行政法规的禁止性规定，这种约定是能够得到法律的尊重和认可的，也就是说，裁判争议解决时就应当依照这种约定进行。

实践中，除了公司章程初始制定，后续修改也是大家关心的问题，

／律师谈公司治理

具体如下。

1. 初始章程制定与公司成立后的章程修改需要注意什么？

章程是涉及公司存续和股东权益的重要法律文件，所以，公司初始章程生效需要得到全体股东的同意，后续章程修改也需要经过董事会和股东同意。当然，拥有股东（大）会提案权的主体，如3%以上的股东、董事会、监事会均可以提出章程修改的议案。但按照法律规定，即使类似章程修改这样的重要事项，只要2/3以上通过即可生效。因此，对于初始章程中特别约定的情形，要注意未来控股股东或董事会伺机修改的问题，如初始章程中约定的异议股东回购权的特别约定。

2. 如何防止未来章程修改时对初始股东特别约定权益的调整？

一方面，在类似上述特别条款修订时约定增加表决权比例即超级多数决，如4/5以上通过方为有效；另一方面，也可以约定公司修改该等特别条款时赋予异议股东一个回购请求权。这种做法既维护了股东权益，也避免了公司僵局的发生，是一种实事求是的解决方案。

3. 部分不影响股东权益的条款是否可以授权董事会修改？

例如，《美国标准商事公司法》（2006年版）在"公司章程的修改"中设第10.05节，以专节规定了"董事会的修改"，摘录部分内容如下，供大家参考。

除非公司章程另有规定，公司的董事会可以不经股东同意对公司章程进行修改：

①延长公司的存续期限，如果公司注册时法律要求有限的存续期限；

②删除初始董事的姓名和地址；

③删除初始的注册登记代理人或者注册登记办公的名称和地址，如果变更声明已在州务卿处备案；

④如果公司只有一类发行在外的股票：（a）将该类股票每一股已发行的和未发行的已授权的股票转变成更多数量的该类股票；或者（b）增加该类股票的授权股票的数量，以达到允许股票作为股票股利发行的程度；

⑤改变公司名称，在公司名称汇总用相似词语或者简写取代"注册公司""经注册""公司""有限"，或者"注册公司""经注册""公司""有限"等简写，或者增加、删除，或者改变名称中的地理因素；

⑥反映授权股票的减少，作为根据第6.31节第（b）小节操作的结果，如果公司取得自身股票且公司章程禁止重新发行已获得的股票；

⑦从公司章程中删除一类股票，作为根据第6.31节第（b）小节操作的结果，如公司取得全部该类股票且公司章程禁止重新发行已获得的股票以至于该类股票没有剩余；或者

⑧做出第6.02节第（a）小节所明示许可且无须经过股东同意即可做出的变化。[7]

4. 如何选择章程修改模式？

关于章程修改的文件格式，给大家推荐修订案的方式，即将每次的修改以修订案的方式表现，将修订前后的章程进行列表对比，大家可以

／律师谈公司治理

清晰地看到历次修订，也能很大程度上保持章程这种公司重要法律文件的稳定性和连续性。合适的时间可以再进行章程的重述，包括序列号等重新排列。中国平安2018年3月19日股东大会通过的公司章程修改案就采用了这种模式，大家可以查看公司公告做详细了解。

5. 章程与个别股东协议或股东（大）会决议冲突时，法律处理原则是什么？

实践中这个问题通常存在。即如前所述，并不是所有关于公司、股东及董监高的权利和义务安排、公司运营规则都体现在章程这个公司宪法中，部分约定可以个别股东协议或者股东（大）会决议的形式存在。当争议发生，而相关文件对同样一个问题的约定发生了冲突时，法官会怎样认定其效力？司法实践中，大概有如下几个原则。一是有约定从约定，如中国平安2018年3月19日章程修订案第九条明确指出："公司发起人协议、股东出资协议或者其他股东协议中的内容与章程规定不一致时，以本章程为准。"二是章程对全体股东适用，个别股东之间有特殊安排的，这种约定有效，但仅适用于签署了个别股东协议的当事人；三是法官会结合其他因素和情形综合考察公司以及各方的真实意愿，根据真实性来判断如何法律适用，如果对全体股东适用或者对个别股东适用的文件前后出现矛盾，则通常时间在后的安排可以理解为对在先文件的修改或变更。

四 开好股东（大）会与董事会会议

（一）为什么要开会

如前所述，开会要解决三个问题。一是作为大股东或董事会需要向全体股东通报公司运营情况，是落实股东知情权的行为。二是必须由股东决定的事项[公司经营战略和方向、选任董事并决定其报酬、对经营成果（财务报告）的确认、对经营收益的分配（利润分配）以及增减注册资本、重大对外合作分立合并、公开发行股票/债券]以及可以授权董事会的事项都需要以股东的意见为准，是落实股东表决权的行为。董事会会议，一方面落实提交股东（大）会审议的议案，另一方面就董事会决策范围内的事项通过董事会决议的方式形成一致意见，这种意见一旦形成也是对董事会领导下的经理层具体实施明确方向。三是沟通。通过沟通，一方面可以获得外来股东/小股东对控股股东意见的理解与支持，另一方面，作为对公司有控制权的大股东也有机会听一下外来股东/小股东的不同声音，从而更好地建立理解与信任关系，尤其是在意见不一致的情况下，这种信任显得非常重要。

（二）怎么开会

所谓开会的流程，无非是确定议题/议案、事先通知、按程序表决、形成决议，签署决议及会议记录、保存档案。按照《公司法》、公司章程规定的程序召集、召开会议并形成决议的会议是有效的，能够产生相应的法律后果，对公司及相关方具有法律意义；否则，可以被法律确认无效或可撤销。

《公司法》第二十二条规定"公司股东会或者股东大会、董事会的决议内容违反法律、行政法规的无效。股东会或者股东大会、董事会的会议召集程序、表决方式违反法律、行政法规或者公司章程，或者决议内容违反公司章程的，股东可以自决议作出之日起六十日内，请求人民法院撤销"。

（三）关于股东在股东（大）会、董事会会议召集、召开制度上的制衡

1. 股东（大）会会议临时提议权、自行召集权

《公司法》第三十九条（适用于有限责任公司）："代表十分之一以上表决权的股东，三分之一以上的董事，监事会或者不设监事会的公司的监事提议召开临时会议的，应当召开临时会议。"

《公司法》第四十条（适用于有限责任公司）："……董事会或者执行董事不能履行或者不履行召集股东会会议职责的，由监事会或者不设监事会的公司的监事召集和主持；监事会或者监事不召集和主持的，代表十分之一以上表决权的股东可以自行召集和主持。"

《公司法》第一百零一条（适用于股份有限公司）："股东大会会议由董事会召集……董事会不能履行或者不履行召集股东大会会议职责的，监事会应当及时召集和主持；监事会不召集和主持的，连续九十日以上单独或者合计持有公司百分之十以上股份的股东可以自行召集和主持。"

2. 董事会会议提议权

《公司法》第一百一十条有关适用于股份公司的董事会会议提议权："代表十分之一以上表决权的股东、三分之一以上董事或者监事会，可以提议召开董事会临时会议。董事长应当自接到提议后十日内，召集和主持董事会会议。"

（四）关于股东（大）会、董事会会议召集、召开程序方面的强制性规定

（1）《公司法》第二十二条规定的股东（大）会决议、董事会决议

无效与可撤销制度。

（2）《公司法》第一百零二条适用于上市公司的关于股东大会年会20天的通知时间以及临时股东大会15天通知时间。

（3）《公司法》第一百零二条（适用于上市公司的）"股东大会不得对前两款通知（股东大会通知）中未列明的事项作出决议"。

（4）《公司法》第一百二十一条关于"上市公司在一年内购买、出售重大资产或者担保金额超过公司资产总额百分之三十的，应当由股东大会作出决议，并经出席会议的股东所持表决权的三分之二以上通过"。

（5）《公司法》第一百二十四条关于上市公司关联董事回避表决制度："上市公司董事与董事会会议决议事项所涉及的企业有关联关系的，不得对该项决议行使表决权，也不得代理其他董事行使表决权。该董事会会议由过半数的无关联关系董事出席即可举行，董事会会议所作决议须经无关联关系董事过半数通过。出席董事会的无关联关系董事人数不足三人的，应将该事项提交上市公司股东大会审议。"

（五）再谈王保树教授所述我国《公司法》中存在的问题

王保树教授指出了我国《公司法》中存在的问题——"我们所面临的有限公司是封闭公司、股份公司也大部分是封闭公司的实态，并没有根本改变。并且，同是封闭公司却受到不同的规制"。这一立法上存在的问题给实践带来了很多困惑，但如果将非上市股份公司归入私公司，问题就容易解决了。相关问题举例如下。

（1）《公司法》第三十七条规定的关于有限责任公司股东会职权事项"对前款所列事项股东以书面形式一致表示同意的，可以不召开股东

／律师谈公司治理

会会议，直接作出决定，并由全体股东在决定文件上签名、盖章"。是否适用于非上市股份有限公司？

（2）《公司法》第四十一条规定关于有限责任公司"召开股东会会议，应当于会议召开十五日前通知全体股东；但是，公司章程另有规定或者全体股东另有约定的除外"。是否适用于非上市股份公司？

（3）《公司法》第四十二条规定的关于有限责任公司"股东会会议由股东按照出资比例行使表决权；但是，公司章程另有规定的除外"。是否适用于非上市股份公司？

（4）《公司法》中适用于有限责任公司的第四十条、第四十七条以及适用于股份公司的第一百零九条关于董事会作为股东（大）会会议召集人、董事长作为主持人以及董事长作为董事会会议召集和主持人规定："董事长不能履行职务或者不履行职务的，由副董事长召集和主持；副董事长不能履行职务或者不履行职务的，由半数以上董事共同推举一名董事召集和主持。"是否允许意思自治？比如"公司不设副董事长的，当董事长不能履行职务或者不履行职务的，由2/3以上多数董事共同推举一名董事召集和主持"约定是否有效？

（5）《公司法》第一百条规定股份公司临时股东大会提议权中哪些是意思自治，哪些是强制性条款？

股东大会应当每年召开一次年会。有下列情形之一的，应当在两个月内召开临时股东大会：

（一）董事人数不足本法规定人数或者公司章程所定人数的三分之二时；

（二）公司未弥补的亏损达实收股本总额三分之一时；

（三）单独或者合计持有公司百分之十以上股份的股东请求时；

（四）董事会认为必要时；

（五）监事会提议召开时；

（六）公司章程规定的其他情形。

(6)《公司法》第一百一十条关于股份公司 10 天的董事会会议通知规定对于非上市股份公司来说是强制性条款还是意思自治条款？即非上市股份公司约定通知时间少于 10 天是否有效？

(7)《公司法》第一百一十一条关于股份公司"董事会决议的表决，实行一人一票"的规定，非上市股份公司是否可以意思自治？

(8)《公司法》第一百一十条规定的关于股份公司董事会提议权的"代表十分之一以上表决权的股东、三分之一以上董事或者监事会，可以提议召开董事会临时会议"。对于非上市股份公司来说是强制性规定还是倡导性规定，即非上市股份公司如果约定低于或高于上述提议权的条件是否有效？

(9)《公司法》第一百零二条适用于股份公司的股东大会关于临时股东大会 15 天、股东年会 20 天的会议通知时间，非上市股份公司是否可以意思自治？即经全体股东同意约定少于上述时间是否有效？

(10)《公司法》第一百零二条（适用于股份公司）"……股东大会不得对前两款通知（股东大会通知）中未列明的事项作出决议"是强制性条款还是可以意思自治？即对于非上市公司来说，如果经全体股东同意，对于股东大会通知中未列明的事项进行审议并作出决议行为是否有效？

（11）《公司法》第一百零三条（适用于股份有限公司）"股东出席股东大会会议，所持每一股份有一表决权"是强制性规定还是允许意思自治？即对于股份有限公司（不管是否上市公司）股东来说，既然可以根据第一百六十六条的规定，在公司章程中约定不按照持股比例进行利润分配，那么同等类别的股份在表决权上是否也可以进行特别设置？

（六）关于会议议案

做好会议议案是开好董事会、股东（大）会会议的基础和重要条件，需要按照章程约定的时间和程序事先发给各位董事/股东，以便大家能够在会前获得开会讨论、表决的重要信息（必要的时候，董事/股东还需要根据本次会议议题和议案再做一些准备工作，如查询相关资料、必要的尽职调查，以及咨询相关人士的意见等），从而正确行使表决权。所以，要求议案必须明确，该等表决所需的重要信息应当尽可能全面并不得遗漏重要信息；否则，董事/股东无从表决。

如聘任董事/高管议案中，该董事/高管的简历是基本的要求。股权转让议案中，对于股权转让方的介绍、交易对价以及支付条款是必要条款。增资议案中，对增资方的介绍、增资价格、增资款的支付、公司与增资方约定的特别权利义务也是必要条款。重大项目投资议案中，对标的公司所处行业/业务/技术/团队/财务等各方信息的介绍、业务/技术/市场前期尽调结论、财务与法律尽调结论、专业机构的意见、确定投资估值的依据、投资对价及其支付、该等投资项目与公司当前战略、业务与技术的对接等，以及投资收益分析、公司驾驭该项目的各项条件分析等都是必要信息。

实践中，议案准备得不充分常常导致会议目的不达，长此以往，也会导致股东对董事的不信赖以及股东之间的沟通障碍与不信任。

如在公司年度财务审计报告还没有出来的情况下，公司召开年度股东大会审议各项议案显然是不合适的，这种情况下股东无从表决，不仅仅是本年度财务决算报告、利润分配方案和下年度财务预算无法表决，单就董事会工作报告股东们也无法评价。

又如一项关于公司委托股东进行技术开发的议案，利用股东的技术和研发优势进行合作本是好事，所以，股东们投票赞成。然而，该等交易核心条款应当包括委托事项、技术开发成果的验收、委托费用及支付等，但议案中这些重要事项均不明确，导致大家通过该议案后在具体合同履行过程中发现股东发过来的具体委托合同条款没有关于委托事项验收的程序，且支付条款不与成果验收环节对应，自然令其他股东不满，后续引发股东争议。

五　执行架构、制度的建立与有效实施

公司组织架构的设置及各部门职责的规定属于管理学的范畴，《企业内部控制基本规范》《小企业内部控制基本规范》《上市公司治理准则》等文件也有倡导性规定，本书不再赘述。作为律师，我谈一下重视公司法务和外部律师在这一过程中的工作和作用。

（一）以公司销售合同制定与履行流程为例，说明法务/外部律师的作用

（1）销售合同制定流程（见图2）

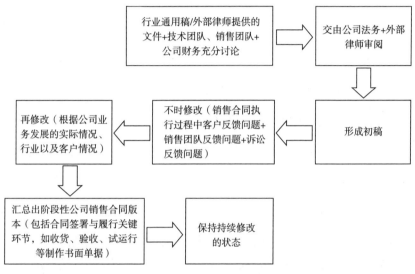

行业通用稿/外部律师提供的文件+技术团队、销售团队+公司财务充分讨论 → 交由公司法务+外部律师审阅

再修改（根据公司业务发展的实际情况、行业以及客户情况） ← 不时修改（销售合同执行过程中客户反馈问题+销售团队反馈问题+诉讼反馈问题） ← 形成初稿

汇总出阶段性公司销售合同版本（包括合同签署与履行关键环节，如收货、验收、试运行等制作书面单据） → 保持持续修改的状态

图2 销售合同制定流程

（2）对销售团队的培训。对销售团队的培训一般包括五部分内容。一是《合同法》基本规定和原则。二是合同条款的培训，需要销售人员明确条款的目的与要求，知悉各条款尤其是重要条款的法律意义，严格哪些条款是可以接受修改的、哪些是不能接受修改的、哪些修改权限属于销售经理，哪些修改权限属于法务或分管副总经理/总经理。三是讲清楚合同的签署流程，配备签署流程的程序文件和审批流程。四是需讲清楚合同的履行环节，要求业务人员熟练掌握关键履行环节，如收货验收、技术验收、试运行等流程，并按照公司制作的书面文件签署。五是对客户的履约情况进行必要的调查，包括公司基本信息、大股东以及

团队的信用、公司资产负债情况、业务目标的制定、现金流等情况。信息时代使这种调查工作变得相对更便利。六是合同履约过程的管理。

（3）重视对客户的履约情况进行调查。这是实践中容易被忽视的环节，目前来看，客户的信用状况、履约能力在合同履行过程中变得越来越重要。对客户履约的调查一方面需要依赖销售团队，另一方面，对于重要的业务合同，需要依赖法务/外部律师协助对客户进行必要的尽职调查。我们在诉讼过程中面对的合同违约情形，如果在合同签署前能够增加必要的对客户履约情况的尽调调查，大多数的违约是可以避免的。

（4）严格合同签署环节。按照权限，业务员将合同签署稿报销售部门经理—分管领导—法务签署，涉及特别修改事项的需经总经理或董事长签署，之后合同成立，交由业务部门、财务留存。对于客户提供的合同版本，经确认必须使用的，则需按照流程经技术、销售、财务和法务/律师共同审核后，回复修改意见，直至最终达到可签署状态，方可签署。

（5）关注合同履行过程。销售团队和技术团队掌握合同履行的关键时点，并留痕、存档，及时掌握对方履约情况，包括资产负债、现金流等重要情况的变动，公司业务计划以及人员的重大变动，及时将变动情况反馈至公司相关部门，必要时反馈至法务/外部律师。如发现对方履约能力发生重要变化，则可以暂缓合同的履行或中止履行，甚至让客户提供进一步担保后再继续履行，以避免损失的扩大。

（二）以高管招聘流程为例，说明法务/外部律师的作用

随着劳动力市场行情变化，劳动法律纠纷基本可以说是企业频发的法律风险，不论规模大小的公司都需要高度重视。

（1）分别制订针对高级管理人员（及核心技术人员）的劳动合同版本和针对普通员工的劳动合同版本，经人力资源部门负责人审核，并经法务/律师审核定稿。对高级管理人员的劳动合同应包括商业秘密保密条款、竞业禁止条款；同时要特别注意试用期的确定，首次签署劳动合同期限、薪酬、工作时间、工作方式等条款，确保符合公司基本情况，不存在重大法律风险。

（2）高管招聘中高度重视对高管的尽调，无论是业内还是业外，技术人员还是生产、销售或者财务管理人员，高管的信用和履约情况都需要高度重视，越是高级管理人员，越需要特别谨慎，尽可能全面地调查个人诚信、专业技术能力、管理能力及其家庭情况，全面判断该等高管与公司在文化、业务、工作风格上的契合度。在高管招聘这个问题上，很多外资公司以及规模较大的公司都特别谨慎，制定了特别严格的流程并严格履行。这种严格的流程看起来降低了效率，其实不然，因为我们在为客户提供法律服务过程中发现，越是高级管理人员一旦违约给公司造成的损害越是巨大，因此，如果能够通过适当降低效率获得高质量的高级管理人员，对于公司来讲则是经济的；对于高管个人来讲，也是适当的。

（三）信息化时代给企业管理和制度实施带来的便利

信息化时代，给企业管理和制度实施带来了极大的便利，财务资金审批、仓库管理、生产领料、成本计算与归集、客户管理、项目远程管理、售后服务、物联网控制等各个层面都可以通过信息系统实现。信息化大大提高了管理效率，降低了管理成本，并克服了人为操作给管理带来的麻烦或错误。

六　股权结构对公司治理优劣的影响

经常有文章指出，我国上市公司中存在的"一股独大"的问题在很大程度上影响了公司治理水平。也经常有人问，是不是股权分散的公司法人治理更容易做好？我分三个层面来回答这个问题。

（一）股东之间权利和义务关系的配置是否合理

在公司初始股权结构相对分散的情况下，各股东关于如何维护自身合法权益的意见容易被其他股东接受，从而成为股东协议、公司章程中的特别约定，有利于相对合理配置股东之间的关系。在初始股权结构相对集中的情况下，大股东虽然没有机会听到关于维护小股东权益的意见，但如果控股股东自身学习法律和规则、尊重中介机构意见且善于倾听，就会在后面有小股东进入的情况下能够自觉重视对小股东权益的维护并倾听小股东的不同声音，合理配置股东之间的权利和义务关系。从这个角度讲，对法人治理最坏的影响是股东之间权利、义务初始配置不合理，又没有抓住合适的时机进行调整，导致未来股东之间争议的发生。

（二）公司重大事项能否做出正确决策

公司股权结构相对分散的，股东之间的制衡关系导致公司股东（大）会、董事会上会有更多不同的声音，而不同的声音在很大程度上会促使公司在重大事项上做决策时更加谨慎，并促使科学合理的制度产生，防止冲动决策，从而很大程度上避免错误决策的产生；当然，公司也可能因此丧失商业机会，影响决策效率。反之，即使公司股权结构相对集中，如果公司有一套科学的决策制度，就能够保证公司在重大事项上做出正确决策，也能保证制定出科学合理的制度。所以，从这个角度讲，对法人治理影响最坏的是公司决策时听不到或听不进去不同的声音，大事小事都是"一个人说了算"。

（三）是否建立健全了科学合理的制度

公司制度贯穿产、供、销、财务、人力资源等各个流程，是规模化管理和现代企业制度的核心。

我们在工作实践中曾遇到一个公司的董事长在工作中比较坚持自己的意见，后来董事会就定了个规矩：如果除董事长之外的其他人都反对该项目而董事长仍然决定做该项目，则由此造成的经济损失将由董事长个人承担，为此，该董事长专门拿出一笔资金作为担保。这样执行了几次之后，该董事长自然不再坚持，愿意按照董事会多数意见执行了。虽然从法律上讲，错误决策要承担法律责任，但不到最后时刻，公司董事会或其他股东要追究大股东或者董事长的责任还是不容易做到的。因此，通过有效的制度纠正某些强势大股东或者董事长的错误，不至于让其错误的决策执行到最后一刻，公司和其他股东以其自身作为大股东也不会因此遭受重大损失，这样的结果对于大家来说都是好事。这就是制度的魅力，控制过程比最后按照结果追责更有意义。

（四）科学合理的制度是否得到了有效实施

这个问题跟股权结构关系不大，我们都知道对于公司来说，设计再精美的制度如果得不到有效实施也等于零。而实践中影响制度实施的最大阻力来自老板/董事长自身。这就是我们一直强调董事长自己对制度的实施要有正确的理解，尊重规则，对管理有信仰，以身作则并以制度保障实施的重要原因。

综上所述，可以这样理解：对于非国有企业来说，法人治理好坏与公司股权结构集中与否关系不大，何况，在公司的发展过程中股权结构是变动的，可以由有实际控制人发展到无实际控制人，也可以由无实际控制人变更为有实际控制人。从身边案例看，股权结构分散但公司法人治理做得一塌糊涂的与股权结构集中但公司法人治理做得好的都比比皆是。

对于股权结构相对集中的公司来说，公司法人治理水平高低由控股股东负责，即对控股股东提出了更高的要求：法人治理关注要点是防止控股股东滥用控股权损害公司和其他股东利益的情形。对于股权结构分散、没有实际控制人的情况，法人治理水平由公司董事会负责（通常情况下，股权结构分散的公司尤其是公众公司会建立董事会制度），即对公司董事会提出了更高的要求：法人治理关注要点是如何更好地激励和约束董事并防止董事会内部控制损害公司和股东权利的问题。

国有企业法人治理有自己的特点，本书下文将做专题分析。

注　释

1. 〔美〕杰弗里·N. 戈登：《公司法的强制性结构》，载于〔美〕弗兰克·H. 伊斯特布鲁克等著《公司法的逻辑》，黄辉编译，法律出版社，2016，第 104～112 页。

　　　　　　　　　　　　　　　　　　　　　/律师谈公司治理

2. 《美国标准商事公司法》（2006 年版）第 13.02 节，规定的股东评估权包括公司合并、换股、重大资产处置、章程修改导致持股数量不足 1 股，本州化，公司转换为非营利企业或非公司型实体等情形，且对评估权的行使规定了相对明确的条件。《美国标准商事公司法》由全美律师协会与商法部的公司法委员会负责起草与修订，是一部可以供各州立法机构自由选择使用的公司法范本（见沈四宝编译《最新美国标准公司法》，法律出版社，2006，第 184~188 页）。

3. 外来投资者对标的公司提出的条件取决于双方的商务谈判地位，表 3 中所列适用于当前以 IPO 为退出目标的短期投资者。伴随资本市场变化、市场经济的成熟，未来的投资者会出现更多不同的类型，如以获得稳定分红为目的的长期财务投资者以及以战略合作为目的的战略投资者。

4. 沈四宝编译《最新美国标准公司法》，法律出版社，2006，第 180~181 页。

5. 表见代理，即根据《合同法》第四十九条规定"行为人没有代理权、超越代理权或者代理权终止后以被代理人名义订立合同，相对人有理由相信行为人有代理权的，该代理行为有效"。这种规定的立法价值取向是建立交易秩序、维护交易稳定性并保护善意第三人的合法权益。

6. "所有州几乎一致地禁止永久性董事职位（即某些董事不能被拥有多数投票权的股东罢免）"——〔美〕弗兰克·H. 伊斯特布鲁克（美国第七巡回上诉法院法官，芝加哥大学法学院高级讲师）、〔美〕丹尼尔·R. 费希尔：《公司契约论》，载于〔美〕弗兰克·H. 伊斯特布鲁克等：《公司法的逻辑》，黄辉编译，法律出版社，2016，第 5 页。

7. 沈四宝编译《最新美国标准公司法》，法律出版社，2006，第 160 页。

公司治理外部法律关系架构

一 供应商、客户对公司治理的影响

选择优质供应商从而通过稳定的供应关系及时获得优质原材料供应，再加以适当优惠的财务付款账期，这是所有公司的共同要求。一旦公司处在产业链相对优势的地位，便会毫不犹豫地严格选择供应商。对于公司来说，既是自己供应商的客户，同时又是自己客户的供应商，上下游链条伙伴关系如此密切，在面对很多疑难复杂技术难题时，更多的公司会和供应商一起切磋、讨论，共同推动技术进步。更多公司的成长也是抓住了客户成长的机遇，伴随着客户的成长而成长的。这也是在IPO项目中，公司在介绍自己的行业地位时会特别突出自己客户的原因，优质的客户会给公司的未来带来更多的机会，也在很大程度上提升了市场对公司竞争力的信赖与判断。

为如期获得优质的供应，公司会对供应商提出要求，客户会对公司提出要求。这种要求从对公司信用、规模、技术实力等外部条件筛选开始，一旦建立联系后，从试样开始，包括严格的技术指标、生产工艺、质量检测、采购、包装，甚至出入库、运输流程，相关部门的机构设置、人员配备，到定期培训、验收，也会包括反洗钱承诺、反商业贿赂承诺等法律要求。这种要求因公司所处行业、所提供产品/服务的不同而不同。随着市场经济发展，这种合格供应商的要求更多已经形成了行业通常的国际标准，由专门的机构去完成认证和评价工作。我们通常会看到，传统的汽车零部件生产企业如果要进入某一品牌汽车配套市场，至少需要三年的时间。

从法人治理角度讲，客户对公司提出的上述要求，是对公司法人治理的积极影响，即按照客户要求严格建立相关产品生产制造流程与管理制度，可以最大限度防止不合格产品出现，提高效率，最终提高公司管理水平。反之亦然，2018年4月中兴通讯被美国政府相关部门处罚便是一例。

总结来看，中兴通讯给了我们如下思考。

（1）供应商、客户对公司治理的影响可以是积极的，也可以是消极的。在这次事件中，中兴通讯遭遇了历史最惨重的后果：不仅仅是业务和财务上的高额罚款、出口禁令，供应商及其背后的美国政府还严重干涉了公司治理——要求现有全体董事辞职、重新组成新董事会并辞退有责任的高级管理人员，同时继续接受美国政府给予的十年监察期。所以，任何一家公司都需严格遵守供应商、客户在采购、销售过程对公司提出的要求，这种要求一旦签署即构成对公司有法律约束力的义务。

（2）高度重视合规，遵守注册地、主营业务所在地的国际和地区法律规定，尤其是强制性规定。

（3）内部决策程序的适当性问题。中兴通讯在本次事件过程中有两个需要决策的事项：一是自2012年中兴通讯美国子公司首次接到美国政府相关部门调查至2016年4月期间，需要决策的事项是公司是否应当终止向伊朗出口业务？二是自 2017 年 3 月处罚决定做出至 2018 年 4 月 17 日 BIS 激活拒绝令阶段，需要决策的事项是公司如何执行七年暂缓期间的限令？

如前文分析，此次公司被美国政府处罚不是经常性事件，所以，公司章程以及《公司法》都不可能明确规定这样的事项决策权在于董事会还是管理层或者股东大会。那么，遇到这种事件公司应当如何决策？作为公司法专业律师，我认为应当按照重要性进行判断，根据上述事件法律后果对公司影响的重要性来判断。从最坏结果分析，上述两大事件对公司可能造成的影响足以构成重要性，即如果被美国政府相关部门认定违规，则足以构成对公司业务、财务有重大影响的事件，最终也将影响股东的权益，因此，决策权至少应该在董事会，或者按照审慎的原则由董事会提交股东大会做出决定。

二 债权人对公司治理的影响

如前所述，公司成立后生产经营所需资金一方面来自供应商的账期，另一方面来自债权融资，如银行借款或通过公开/非公开发行的债券所获得的借款。银行借款为传统的债权债务关系，一般有担保，本书不做讨论。银行作为主体发行的债券属于金融类债券，不属于公司债券，本书也不做讨论。这里主要谈一下由非金融企业公开或非公开发行但公开交易的债券。

由于管理体系不统一的原因，目前国内非金融企业公开/非公开发行但公开交易的债券主要有两种：一种属于证券市场体系，依据《证券法》以及证监会 2015 年 1 月 15 日发布并实施的《公司债券发行与交易管理办法》（证监会令第 113 号）等文件由证监会进行管理，公开交易的场所主要为上海证券交易所、深圳证券交易所、新三板市场等，主要交易品种是各类公司债券（包括公开发行、非公开发行、可转换债、可交换债等）；一种属于银行间债券市场体系，依据《银行法》以及中国人民银行发布并实施的《银行间债券市场非金融企业债务融资工具管理办法》（中国人民银行令〔2008〕第 1 号）等文件由银监会进行管理，公开交易的场所为全国银行间同业拆借中心，主要交易品种是各种短期融资券、超短期融资券。

从法律属性上讲，上述公开交易的品种具有如下共同特征：一是发行人与持有人之间的基础法律关系为债权债务关系，发行人负有到期偿还本息或按约定履行的其他义务（如转换为公司股票）；二是持有人持有的有价证券可以公开交易，即具有投资功能，因此，从法律上讲，都属于公司债券。又由于公开交易，即发行人的行为将直接影响不特定的多数人的利益，这就具备了公众公司的特点，所以，公开/非公开发行但公开交易的债券发行人应当承担公众公司的义务与责任。

基于上述，本书主要依据证监会《公司债券发行与交易管理办法》（证监会令第 113 号）论述债权人对公司治理的影响。

（一）债券持有人与公司之间的债权、债务法律关系

首先，债券发行时，债券发行机构需对债务人的业务、资产、负债、财务数据、偿债能力等做必要的调查，公开发行的公司债需获得证监会核准，所有在证券交易所公开交易的债券品种都需要获得证券交易所的审核。因此，只有业务、技术、财务、法人治理和资信较好的公司才可以获准公开/非公开发行债券并在证券交易所公开交易。

其次，公司作为债务人要真实、准确、完整地披露公司业务、财务、技术、人员等信息，并在债权、债务存续期间履行持续信息披露义务，将可能影响公司偿债能力或影响债券价格的情形及时告知债权人，公开发行债券的发行人需在交易所主动、全面、公开披露相关信息。

再次，公开与非公开发行债券的募集说明书中会对资金使用、发行人持续信息披露义务以及债权人（债券持有人）权利保护措施有明确的约定。银行借款通常是有担保的，但公开发行/非公开发行的债券可能有担保，也可能无担保。由于公开发行/非公开发行但公开交易的债券持有人为不特定多数人，因此，更好地维护债权人利益，《公司债券发行与交易管理办法》规定公开发行的债券持有人需委托证券公司作为受托人统一代债券持有人行使债权人权利和义务；当然，债券持有人会议仍为形成债权人意思的最高权力机构，其所形成的决议对受托人具有法律约束力，也可以对发行人具有法律约束力。

最后，一旦发行人出现影响偿债能力的情形，受托人会采取必要的措施，债券持有人也会召集会议做出决议要求受托人采取必要的措施，包括与发行人进行谈判、对发行人业务和法人治理情况进行必要的限制、要求发行人追加担保，提起诉讼要求发行人偿还债务等，以维护债权人利益。

（二）《公司债券发行交易管理办法》对债权人利益保护措施的规定

《公司债券发行交易管理办法》第四十五条规定发行人需持续公开

　　　　　　　　　　　　/律师谈公司治理

披露的信息如下。

债券存续期内发生可能影响其偿债能力或债券价格的重大事项。重大事项包括：

（1）发行人经营方针、经营范围或生产经营外部条件等发生重大变化；

（2）债券信用评级发生变化；

（3）发行人主要资产被查封、扣押、冻结；

（4）发行人发生未能清偿到期债务的违约情况；

（5）发行人当年累计新增借款或对外提供担保超过上年末净资产的百分之二十；

（6）发行人放弃债权或财产，超过上年末净资产的百分之十；

（7）发行人发生超过上年末净资产百分之十的重大损失；

（8）发行人作出减资、合并、分立、解散及申请破产的决定；

（9）发行人涉及重大诉讼、仲裁事项或受到重大行政处罚；

（10）保证人、担保物或者其他偿债保障措施发生重大变化；

（11）发行人情况发生重大变化导致可能不符合公司债券上市条件；

（12）发行人涉嫌犯罪被司法机关立案调查，发行人董事、监事、高级管理人员涉嫌犯罪被司法机关采取强制措施；

（13）其他对投资者作出投资决策有重大影响的事项。

第五十条规定如下。

公开发行公司债券的受托管理人应当履行下列职责:

(1) 持续关注发行人和保证人的资信状况、担保物状况、增信措施及偿债保障措施的实施情况,出现可能影响债券持有人重大权益的事项时,召集债券持有人会议;

(2) 在债券存续期内监督发行人募集资金的使用情况;

(3) 对发行人的偿债能力和增信措施的有效性进行全面调查和持续关注,并至少每年向市场公告一次受托管理事务报告;

(4) 在债券存续期内持续督导发行人履行信息披露义务;

(5) 预计发行人不能偿还债务时,要求发行人追加担保,并可以依法申请法定机关采取财产保全措施;

(6) 在债券存续期内勤勉处理债券持有人与发行人之间的谈判或者诉讼事务;

(7) 发行人为债券设定担保的,债券受托管理协议可以约定担保财产为信托财产,债券受托管理人应在债券发行前或债券募集说明书约定的时间内取得担保的权利证明或其他有关文件,并在担保期间妥善保管;

(8) 发行人不能偿还债务时,可以接受全部或部分债券持有人的委托,以自己名义代表债券持有人提起民事诉讼、参与重组或者破产的法律程序。

第五十五条规定如下。

存在下列情形的,债券受托管理人应当召集债券持有人会议:

(1) 拟变更债券募集说明书的约定;

/ 律师谈公司治理

（2）拟修改债券持有人会议规则；

（3）拟变更债券受托管理人或受托管理协议的主要内容；

（4）发行人不能按期支付本息；

（5）发行人减资、合并、分立、解散或者申请破产；

（6）保证人、担保物或者其他偿债保障措施发生重大变化；

（7）发行人、单独或合计持有本期债券总额百分之十以上的债券持有人书面提议召开；

（8）发行人管理层不能正常履行职责，导致发行人债务清偿能力面临严重不确定性，需要依法采取行动的；

（9）发行人提出债务重组方案的；

（10）发生其他对债券持有人权益有重大影响的事项。在债券受托管理人应当召集而未召集债券持有人会议时，单独或合计持有本期债券总额百分之十以上的债券持有人有权自行召集债券持有人会议。

（三）从法人治理角度，大面积债券违约带给我们的思考

自 2014 年 3 月 4 日证券市场上第一只债券违约事件 "11 超日债" 违约以来（违约金额 10 亿元），最近几年债券违约事件频发。2018 年上半年发生的大面积债券违约事件无论从规模上还是从集中度上讲，都刷新了市场纪录。其中，上海华信 2018 年 5 月 21 日一纸公告引起了市场的恐慌——其 2017 年度面值 20 亿元的第二期超短期融资券不能到期偿付，发生债券违约。如此推论，公司此前发行的 12 只债券（含公司债、中期票据、超短期融资券）、存续债券面额超过 300 亿元的债券都

可能存在到期不能偿付的风险，即债券违约风险。

从债权人角度讲，"11超日债"6000名债权人还是幸运的，因为公司启动破产程序后，在各方共同努力下，同行业公司协鑫集成参与了公司破产重整，破产重整方案得以通过并实施，债权人债权全部得到实现，协鑫集成（002506）通过本次重组实现了借壳上市。但是，目前市场上发生的其他债券违约事件的债券持有人可能就不会那么幸运了。

目前大面积发生的债券违约事件普遍存在债务金额大、发行人业务严重下滑甚至停产的情况，发行人基本面临资不抵债的情形，即需要启动破产程序。在破产程序中能够达成破产重整是需要很多条件的，包括发行人有重整的价值、有能够参与公司重组的合适的公司、银行债权人的态度（银行债权都有抵押）、当地政府的支持等。一旦破产重整无法达成，债权人的利益将遭受严重的经济损失，无法维护自身权益。

从法人治理角度，大面积债券违约带给我们如下思考。

1. 发行人的内部决策问题

负债能力是管理层有信心的表现，但过度负债则意味着风险。在宽松的资金环境以及经济持续上升时期，公司有能力解决自己的负债问题；一旦资金面收紧、公司业务下滑，自然不能偿付到期债务。因此，公司是否正确决策是基础。

2. 债券持有人购买债券的内部决策问题

由于目前市场上公开交易的债券发行对象都是合格投资者，即资金、业务达到一定规模、高管具备一定条件的公司，债券持有人在购买公司债券问题上也存在是否正确决策的问题。当然，前段时间国内市场上的私募、公募资金确实到了疯狂的程度，这些购买公司债券的机构似乎也大都不是使用自己的自有资金，而是市场上募集的资金。这是市场监管问题，与公司治理没有关系，我们不予置评。

3. 债券存续期间债券持有人对发行人的业务、法人治理的监管问题

从法律规定和债券发行过程中签署的有法律约束力的文件内容看，在债券存续期间，债券持有人（通过受托人）有足够的权利对发行人的业务、财务、资信等状况进行监管，甚至介入法人治理过程，参加公司股东大会、董事会，了解公司基本情况，这样就可以及时发现债务人偿债条件发生变化，从而及时寻找补救措施，维护自身合法权益。但是，我们遗憾地看到，上述债券违约行为几乎都是到了最后一刻——债券偿付到期后发行人公告无法如期偿还本息时，债券持有人才获悉债券违约的事实。而到了最后一刻，在发行人资不抵债的情况下，只剩下破产重整一条路可以走了。这条路有多少企业能够走向成功，其概率还是小的。

债券市场的存在和发展是以发行人高度的信用、公开透明的市场规则和严格的监管体系为条件的。我们担心大规模的债券违约事件可能会给证券市场信心造成极大的打击。

三　环境保护对公司治理的影响

对于涉及环境污染的公司来说，环保将成为公司设立、运营以及业绩的重要事项。首先，公司选址及设立需按照"三同时"制度取得环保部门的环境影响评价报告，建设工艺完成后需经过当地环保部门验收

方可实施，公司需配备具有相应环保管理资质的专职环保责任人员。在信息化时代，公司生产经营过程中有环保意义的生产工艺、过程数据均与环保部门联网，环保部门可以随时获取公司生产过程中的相关数据，并随时监督、检验公司环保执行情况，发现违法行为可以随时做出包括责令停业、停产整顿、罚款等行政处罚，情节严重的需要移送司法部门追究刑事责任。环保部门的上述规定和做法将直接影响公司组织架构以及相应的部门设置、分权、执行与监督情况。最近几年，国家加大环保处罚力度，因此频发环保行政处罚和公益诉讼，这种环保违法违规事件的发生对公司治理产生了重要的影响。

以江苏省高级人民法院 2014 年 12 月 29 日做出的（2014）苏环公民终字第 00001 号判决为例，法院认定常隆公司、锦汇公司、施美康公司、申龙公司、富安公司、臻庆公司六公司向泰运河、古马干河非法倾倒副产酸的行为导致了河流污染事故的发生，构成环保侵权，应对所发生的环保污染事故承担赔偿责任。六公司合计需赔偿 1.6 亿元人民币至泰州市环保公益账户，其中 60% 的部分需于判决生效后 30 日内支付，如当事人提出申请且能够提供担保的，40% 的部分可以申请延期一年支付。就该 40% 的部分，判决书称"本判决生效之日起一年内，六公司能够通过技术改造对副产酸产品进行循环利用，明显降低环境风险，且一年内没有因为环保违法行为受到行政处罚的，其已支付的技术改造费用可以凭环保行政主管部门出具的企业环境守法情况证明、项目竣工环保验收意见和具有法定资质的中介机构出具的环保技术改造投入资金审计报告，向泰州市中级人民法院申请在延期支付的 40% 额度内抵扣"。

从法人治理角度分析上述判决，给我们如下思考。

　　　　　　　　　　　　　／律师谈公司治理

（1）对于重环保行业来说，环保是公司法人治理中需关注的重要环节（key），因此，需严格按照环保部门验收的生产工艺进行部门设置、人员配备并建立应急处理机制，谨防环保污染事件的发生。一旦有异常情况，应当按照重要性原则报由经理层或董事会乃至股东（大）会进行决策。IPO项目审核过程中，重大环保违法行为几乎是一票否决的。

（2）一旦发生环境污染事件，除需承担罚款、民事赔偿等经济责任外，政府公权力也会介入公司治理过程中，如该案中要求公司投入资本进行技术改造、对生产过程产生的废物进行循环利用。

四 劳动、合规、社区与其他外部因素对公司治理的影响

对于所有公司来讲，劳动法律风险已然成为一个共性的法律风险，从高管舞弊、同业竞争、泄露商业秘密、离职到普通员工劳动合同解除、社保缴纳，很多环节都可以产生劳动争议，而劳动争议产生后劳动仲裁机关的处置结果常常令企业无法接受。对于这个问题，我在常年担任公司法律顾问实践中有深切的感受，也经常会听到做公司的朋友抱怨"用人难、管人更难"这个问题。除劳动争议外，劳动监察部门还会不时对企业劳动用工情况进行检查，对劳动违法违规行为进行行政处罚。不管如何，企业劳动管理方面的法律风险都需要引起公司足够的重视。对于境外运营的公司来说，劳动问题可能更严重，如用工过程中的性别歧视、工会的力量等。

行业管理方面的合规，如在食品、医药等涉及人身安全的行业，各

国法律都会对公司生产、经营与管理方面做出特别严格的要求和规定，如药品生产企业的 GMP 标准、食品生产企业的 QS 标准。但是，具体细节也还是有差异。需要公司高度重视，严格遵守，防止行政处罚、民事责任或刑事责任。

从合规角度讲，中兴通讯事件也是典型案例。

还是那句话，公司治理外部法律关系与内部法律关系最大的不同在于内部法律关系是平等主体之间的行为，各方之间可以充分协商、交流直至达成一致意见，实在不能达成一致还可以退出，总有解决办法。况且内部法律关系主体之间目标具有共向性，若公司成功，则各方均受益，若公司运营失败，则一损俱损，所以，这种一致还是容易达成的。外部法律关系就明显不同，更多是强制性的规定，没有协商的余地。如果是境外经营，公司可能还不熟悉当地的法律和政府环境，这时就需要咨询当地中介机构如律师的意见，用好外部顾问，认真全面做好合规工作。

最近看到的一句话，我觉得用在合规上也是适合的：合规就像氧气，拥有的时候你感知不到它的存在，一旦失去，将不复存在。

失败的公司治理案例

多年来律师从业实践经验显示：公司治理如果存在缺陷且没有及时有效地解决则最终可能引发公司诉讼，这也是近年来公司法诉讼不仅数量"井喷"而且争议标的额日益扩大、争议复杂程度日益提高的原因；部分案件从股东争议到股东代表诉讼，最后连锁反应可能引起标的公司破产。为进一步说明相关问题，本章引用了具体案例进行分析，这些案例部分来自裁判文书，部分来自上市公司公告，旨在引发读者的思考：自身公司法人治理是否存在缺陷？如何解决相应的问题？

需要说明的是，正如本书第一章"什么是公司治理"中提到的对公司治理优劣评价应当采取动态评价的观点，就本章及本书所引用案例，我们也要采取动态的观点进行评价：如果某一个特定时点该公司治理上存在缺陷或者最终导致公司失败，则该公司在这一时点上公司治理是失败的；但这一时点过后，如果该公司采取了有效措施纠正并解决了这种缺陷，则该公司治理仍然是好的。

一　从股东争议到法人人格否认

（一）股权代持纠纷

以王某一与青海珠峰虫草药业有限公司股东资格确认纠纷二审案

［最高人民法院（2014）民二终字第 21 号］为例。

本案在没有书面代持协议的情况下，就股权代持关系是否成立，青海省高院与最高人民法院观点不一致。

青海省高院认定代持关系成立，主要理由如下。

本案中，王某一主张其为珠峰公司实际出资人，其与王某二（与王某一系兄弟关系）、海科公司等名义股东之间的公司股东权属纠纷属于公司内部股东资格确认纠纷，并不涉及公司外部善意第三人利益，应遵循实质要件优于形式要件的原则，以实际出资为权利归属的判断标准，而不能仅仅以工商登记、公司章程、股东名册等外部形式要件内容否定实际出资人的权益。

最高人民法院则认定股权代持关系不成立，主要理由如下。

本院认为，王某一如要取得珠峰公司股东身份，应建立在其与王某二及海科公司之间存在合法有效的代持股协议，且王某一向珠峰公司实际出资，并经公司其他股东过半数同意其显名为公司股东的基础上。

本案中，王某一以珠峰公司注册资本均由其提供，并实际参与了珠峰公司经营管理拥有重大事项决策权，王某二只是代为持有股份为由，主张登记在王某二和海科公司名下的珠峰公司相应股权应由其享有，但王某一并未提供其与王某二及海科公司之间存在书面代持股合意的证据，王某二与海科公司亦否认存在代持股合意。本院认为，在王某一与王某二及海科公司之间就 2012 年 4 月增资过

／律师谈公司治理

程中代持股事宜缺乏明确合意的情况下，结合上述资金的转入及流转过程，王某一对于此次增资具有出资的意思表示并协商由王某二及海科公司代为持股的证据不足。

另外，根据王某一起诉状及二审答辩状中的陈述，其选择隐名的原因在于规避《专利权转让合同》为沈某垫资的义务，以及避免离婚有关财产分割争议、以前经营存在的纠纷对珠峰公司产生不利影响等。因此，即便认为通过家庭会议形式对有关代持股事宜达成口头约定，但该代持股合意目的在于逃避相关债务、损害第三人利益，根据《中华人民共和国合同法》第五十二条第（三）项的规定，应属无效。

(二) 滥用股东权利赔偿纠纷

以王某等因与石某、山东凯雷圣奥化工有限公司、江苏圣奥化学科技有限公司股东滥用股东权利赔偿纠纷二审案〔上海市高级人民法院(2012) 沪高民二 (商) 终字第 44 号〕为例。

1. 主要事实

石某为上海圣奥公司、山东圣奥公司股东，分别持有两公司12.81%的股权。2007 年，两公司其他股东决定将两公司股权转让于香港凯雷圣奥公司，石某自始反对本次股权转让。此后，除石某以外的其他上海圣奥公司、山东圣奥公司的股东进行了以下一系列行为。

首先，以与上海圣奥公司、山东圣奥公司相同的股权结构（除石某、刘某的份额改由王某持有以外），相继设立山东凯雷圣奥公司、江苏圣奥公司；

其次，以3.93亿元对价将上海圣奥公司、山东圣奥公司的自身资产及下属子公司股权，转让给山东凯雷圣奥公司；

再次，因山东凯雷圣奥公司难以办理相关股权收购及变更手续，各自然人又将已出售的股权、资产转回原公司，并执意以明显的低价再次将上述股权、资产转让给江苏圣奥公司；

最后，又将受让了上海圣奥公司、山东圣奥公司资产的江苏圣奥公司的40%股权，以9.472亿元价格再行转让给香港凯雷圣奥公司。

至此，上海圣奥公司、山东圣奥公司的股东，通过多份公司股东会决议等方式，将上海圣奥公司、山东圣奥公司资产以明显低价转让给江苏圣奥公司，最终将江苏圣奥公司部分股权（实质就是原上海圣奥公司、山东圣奥公司的资产）转让给香港凯雷圣奥公司。

石某以两公司其他股东滥用股东权利损害其股东利益为由提起诉讼，要求两公司其他股东以及山东凯雷圣奥公司、江苏圣奥公司承担赔偿责任。

2. 法院判决及理由

法院支持了原告诉讼请求。主要理由如下。

一、关于本案原审被告行为是否构成滥用股东权利并损害石某利益。

在本案中，有关资产转让系关联公司之间的交易，其结果直接导致作为上海圣奥公司、山东圣奥公司股东的石某所占股权明显贬值的损失，且石某无法享受江苏圣奥公司将该低价受让的资产又以股权转让的方式高价出售所取得的正常收益。故上述一系列涉案的公司股权、资产转让行为应当认定为相关原审被告作为公司股东共同滥用股东权利，给作为股东的石某造成经济损失，应当依法承担赔偿责任。

二、关于赔偿的范围。……因此石某因该资产转让所造成的实际损失，应当以香港凯雷圣奥公司收购江苏圣奥公司部分股权的对价9.472亿元所折算的江苏圣奥公司资产价值，与上海圣奥公司、山东圣奥公司向江苏圣奥公司转让资产的价值3.939亿元之间的差额计算，即（9.472亿元÷40% − 3.939亿元）×12.81% = 2.529亿元。

……

判决刘某、王某等十名自然人（股东）对石某股权损害赔偿金人民币约2.529亿元及利息承担连带赔偿责任。

（三）关于章程约定的效力

以宋某与西安市大华餐饮有限责任公司股东资格确认纠纷申请再审案［陕西省高级人民法院（2014）陕民二申字第00215号］为例。

1. 该案基本事实

宋某系大华公司股东，其作为公司员工在该公司改制时获得股权。2016年宋某离开公司，公司依据章程中关于"人走股留"的规定收回其股权。宋某提起诉讼，要求确认公司收购股权行为无效，同时确认其继续享有公司股东身份。

2. 法院判决及理由

法院驳回了原告诉讼请求。主要理由如下。

关于本案的焦点问题：大华公司的公司章程中对"人走股留"的规定是否违反了《公司法》的禁止性规定，该章程是否有效，法院认定如下。

首先，大华公司章程第十四条规定，"公司股权不向公司以外的任何团体和个人出售、转让。公司改制一年后，经董事会批准后可以公司内部赠与、转让和继承。持股人死亡或退休经董事会批准后方可继承、转让或由企业收购，持股人若辞职、调离或被辞退、解除劳动合同的，人走股留，所持股份由企业收购"。

其次，基于有限责任公司封闭性和人合性的特点，由公司章程对公司股东转让股权作出某些限制性规定，系公司自治的体现……同理，大华公司章程将是否与公司具有劳动合同关系作为确定股东身份的依据继而作出"人走股留"的规定，符合有限责任公司封闭性和人合性的特点，亦系公司自治原则的体现，不违反《公司法》的禁止性规定。

（四）否定法人人格案

即否定公司的独立法人人格和对公司债务的有限责任，而判决股东对公司债务承担赔偿责任。以徐工集团工程机械股份有限公司诉成都川交工贸有限责任公司等买卖合同纠纷案〔江苏省高级人民法院（2011）苏商终字第0107号〕为例。

1. 主要事实

原告徐工机械公司诉称：成都川交工贸公司拖欠其货款未付，而成都川交机械公司、四川瑞路公司与川交工贸公司人格混同，三个公司实际控制人王某以及川交工贸公司股东等人的个人资产与公司资产混同。请求判令：川交工贸公司支付所欠货款1091.64万元及利息；川交机械公司、瑞路公司及王某等个人对上述债务承担连带清偿责任。

2. 法院判决及理由

法院认定川交机械公司、瑞路公司与川交工贸公司构成人格混同，应对川交工贸公司的债务承担连带清偿责任，支持了原告的诉讼请求。

主要理由如下。

川交工贸公司与川交机械公司、瑞路公司人格混同。一是三个公司人员混同。三个公司的经理、财务负责人、出纳会计、工商手续经办人均相同，其他管理人员亦存在交叉任职的情形，川交工贸公司的人事任免存在由川交机械公司决定的情形。二是三个公司业务混同。三个公司实际经营中均涉及工程机械相关业务，经销过程中存在共用销售手册、经销协议的情形；对外进行宣传时信息混同。三是三个公司财务混同。三个公司使用共同账户，以王某的签字作为具体用款依据，对其中的资金及支配无法证明已作区分；三个公司与徐工机械公司之间的债权债务、业绩、账务及返利均计算在川交工贸公司名下。因此，三个公司之间表征人格的因素（人员、业务、财务等）高度混同，导致各自财产无法区分，已丧失独立人格，构成人格混同。

公司人格独立是其作为法人独立承担责任的前提。公司的独立财产是公司独立承担责任的物质保证，公司的独立人格也突出地表现在财产的独立上。当关联公司的财产无法区分，丧失独立人格时，就丧失了独立承担责任的基础。本案中，三个公司虽在工商登记部门登记为彼此独立的企业法人，但实际上相互之间界线模糊、人格混同，其中川交工贸公司承担所有关联公司的债务却无力清偿，又使其他关联公司逃避巨额债务，严重损害了债权人的利益。上述行为违背了法人制度设立的宗旨，违背了诚实信用原则，其行为本质和危害结果与《公司法》第二十条第三款规定的情形相当，故参照《公司法》第二十条第三款的规定，川交机械公司、瑞路公司对川交工贸公司的债务应当承担连带清偿责任。

（五）（美国）"揭开公司面纱"（同否定法人人格）判决股东对公司债务承担赔偿责任

以德威特卡车经纪人事务所诉 W. 雷·弗莱明水果公司拖欠运费案[1]为例。

美国法院判决：初审法院根据揭开公司面纱原则，判决追究股东弗莱明先生个人的责任。被告不服，上诉至联邦第四巡回上诉法院。上诉法院经过审查维持原判。

审理意见如下。

（1）弗莱明公司从成立之初，实际上就是一个封闭的一人公司（One-man-Corporation）。公司发起人是弗莱明先生本人、其妻子和他的律师。公司成立之初以每股 1 美元之价发行了 5000 股，其后约有 2000 股以不明确的方式被清付收回。本案有关事实发生时，弗莱明实际上占有该公司 90% 的流通股票。弗莱明对其余 10% 的股票由谁拥有、各拥有多少完全不清楚。他是公司的实际所有人。

（2）弗莱明本人提供的证据表明，公司至少还有另一名董事……所有证据清楚显示，该董事只不过是个傀儡，他从未参加过董事会会议，甚至也未从公司获取任何经费或任何形式的薪酬。

（3）法庭还发现该公司从未举行过股东大会。也就表明，被告未履行基本的公司运作之法律程序。

（4）在一个封闭型公司里，履行必要程序不仅是单个人的问题，那么，证据还显示，除弗莱明本人外，公司的其他股东、管理人员从未从被告公司得到过工资、分红或其他费用补偿，也从未就公司决策或管理提出过意见。在公司存在的整个期间，弗莱明是公司运营的唯一受益者，同时公司的继续存在也是为了其个人的专有利益。这些年，他每年从公司获得 15000 美元到 25000 美元的收入——尽管事实上公司既无任何利润，也没有流动资本；而且，没有任何记录表明，公司董事会同意支付弗莱明上述款项的工资。事实证明：弗莱明作为公司之控股权股东正在吸干公司资产。

（5）公司资本不足……

（6）法庭也注意到，原告在应得运费被拖延支付的情况下，曾得到弗莱明担保："在公司不能支付运费的情况下，由其个人支付……"

二　从不能好好开会到公司僵局

如前所述，股东（大）会和董事会会议制度是公司落实股东权利、代公司这个"拟制的人"做出决策以及建立股东协商机制和信任关系的重要程序。

对于私公司来说，实践中存在的最大问题是不开会或者不按照法律规定的程序开会，在公司正常经营以及股东们之间原有的信任关系继续存在的前提下，作为私公司的有限责任公司和非上市股份公司股东们对于是否召开形式上的会议以及如何开会不怎么介意。但是一旦公司经营情况不好，或者股东之间信任关系出现危机，或者有外来股东进入，在这种情况下，是否开会、如何开会这件程序上的事情还是会出现问题的。如果这样的问题长期得不到解决，最终会引发股东争议，从主张股东（大）会、董事会决议无效与可撤销直至公司僵局。

对于公众公司来说，股东大会和董事会会议制度上存在的问题主要是在法律没有明确规定、公司章程也没有明确约定的情况下股东大会和董事会在公司重大事项上的决策权限划分问题。

上述私公司和公众公司在股东（大）会、董事会会议制度执行中存在的问题也是导致法人治理失败的原因。

关于股东（大）会决议、董事会决议的无效与可撤销以及公司僵局，公司法司法解释（二）、（四）做了相对明确的原则性规定，基本原则是在不违反法律强制性规定的前提下最大限度尊重公司自治和股东自治，并在争议发生时穷尽内部救济。摘录几个法院判决供参考。

（一）公司决议撤销纠纷

以李某诉上海佳动力环保科技有限公司公司决议撤销纠纷案［上海第二中级人民法（2010）沪二中民四（商）终字第 436 号］为例。

1. 基本事实

李某为公司总经理，公司 2009 年 7 月 18 日的董事会以"总经理李某不经董事会同意私自动用公司资金在二级市场炒股，造成巨大损失"为由解除了李某总经理职务。李某提起诉讼，要求撤销该董事会决议。

2. 法院判决及理由

法院驳回了原告诉讼请求，认为除非章程中有约定解除总经理职务需要理由，在没有约定的情况下，只要董事会会议程序符合法律和章程约定，解聘总经理职务的决议所依据的事实是否属实，理由是否成立，不属于司法审查范围。法院生效裁判认为：

> 根据《中华人民共和国公司法》第二十二条第二款的规定，董事会决议可撤销的事由包括：召集程序以及表决方式、违反法律、行政法规或公司章程，决议内容违反公司章程。从召集程序看，佳动力公司于 2009 年 7 月 18 日召开的董事会会议由董事长召集，三位董事均出席董事会会议，该次董事会会议的召集程序未违反法律、行政法规或公司章程的规定。从表决方式看，根据佳动力公司章程规定，对所议事项作出的决定应由占全体股东三分之二以上的董事表决通过方才有效，上述董事会决议由三位股东（兼董事）中的两名表决通过，故在表决方式上未违反法律、行政法规或公司章程的规定。从决议内容看，佳动力公司章程规定董事会有权

解聘公司经理，董事会决议内容中"总经理李某不经董事会同意私自动用公司资金在二级市场炒股，造成巨大损失"的陈述，仅是董事会解聘李某总经理职务的原因，而解聘李某总经理职务的决议内容本身并不违反公司章程。

董事会决议解聘李某总经理职务的原因如果不存在，并不导致董事会决议撤销。首先，《公司法》尊重公司自治，公司内部法律关系原则上由公司自治机制调整，司法机关原则上不介入公司内部事务；其次，佳动力公司的章程中未对董事会解聘公司经理的职权作出限制，并未规定董事会解聘公司经理必须要有一定原因，该章程内容未违反《公司法》的强制性规定，应认定有效，因此佳动力公司董事会可以行使公司章程赋予的权力作出解聘公司经理的决定。故法院应当尊重公司自治，无需审查佳动力公司董事会解聘公司经理的原因是否存在，即无需审查决议所依据的事实是否属实，理由是否成立。综上，原告李某请求撤销董事会决议的诉讼请求不成立，依法予以驳回。

(二) 公司解散纠纷

以仕丰科技有限公司与富钧新型复合材料（太仓）有限公司、第三人永利集团有限公司解散纠纷二审案［最高人民法院（2011）民四终字第29号］为例。

1. 基本事实

原告作为富钧公司股东，持有公司60%的股权，以公司经营管理发生严重困难、董事会会议长期无法召开、公司权力决策机制长期失灵达七年时间为由提出解散公司。

2. 法院判决及理由

法院支持了原告的诉讼请求。主要理由如下。

其一，关于富钧公司是否经营管理发生严重困难。公司经营管理严重困难包括两种情况：一是公司权力运行发生严重困难，股东会、董事会等权力机构和管理机构无法正常运行，无法对公司的任何事项作出任何决议，即出现公司僵局情形；二是公司的业务经营发生严重困难，公司经营不善、严重亏损。如果公司仅业务经营发生严重困难，不存在权力运行严重困难，则根据《公司法司法解释（二）》第一条第二款的规定，不符合《公司法》第一百八十三条的解散公司条件。

本案中，根据富钧公司章程第十七条、第二十一条的规定，富钧公司董事会是公司最高权力机关，仕丰公司和永利公司均以委派董事的形式对富钧公司进行经营管理，即由董事会直接行使董事会和股东会的双重职能。同时，根据富钧公司章程第十九条的规定，生产销售计划、财务预算决算方案、财务决算盈利和亏损的处理方法、经理级以上高级职员的任免等公司经营管理事项均需要全体董事同意才能生效。富钧公司治理结构由股东特别约定而实行的严格一致表决机制，使得人合性成为富钧公司最为重要的特征。自2005 年 4 月起，永利公司和仕丰公司因富钧公司的厂房租赁交易、公司治理结构安排、专利权许可使用等问题发生了实质分歧，股东之间逐渐丧失了信任和合作基础。富钧公司董事会会议不仅长期处于无法召开的状态，而且在永利公司和仕丰公司各自律师的协调下召开的唯一一次董事会临时会议中，也因为双方股东存在重大分歧而无法按照章程规定的表决权比例要求形成董事会决议。富钧公司权力决策机制长期失灵，无法运行长达七年时间，属于《公司法司法解释（二）》第一款第（一）、（二）项规定的经营管理严重困难的公司僵局情形。

其二，关于公司解散是否应当考虑公司僵局产生的原因以及过错。本院认为，公司能否解散取决于公司是否存在僵局以及是否符合《公司法》第一百八十三条规定的实质条件，而不取决于公司僵局产生的原因和责任。《公司法》第一百八十三条没有限制过错方股东解散公司，因此即使一方股东对公司僵局的产生具有过错，其仍然有权依据该条规定，请求解散公司。

其三，关于富钧公司继续存续是否会使股东利益受到重大损失。从富钧公司经营情况看，富钧公司僵局形成后，公司经营即陷入非常态模式，在永利公司单方经营管理期间，富钧公司业务虽然没有停顿，但持续亏损，没有盈利年度，公司经营能力和偿债能力显著减弱，股东权益已大幅减损至不足实收资本的二分之一。富钧公司关于其生产经营正常、亏损额正在减少、有望扭亏转盈的上诉理由没有充分证据证明，本院不予采信。另从富钧公司注册资本到位情况看，仕丰公司和永利公司至今均未足额出资，在双方股东不愿意共同经营富钧公司、冲突对立无法调和的情况下，富钧公司注册资本难以充实，无法实现预期的经营目的。综合上述情况，富钧公司不仅丧失了人合基础，权力运行严重困难，同时业务经营也处

　　　　　　　　　　　　　　／律师谈公司治理

于严重困难状态，继续存续将使股东利益受到重大损失。

其四，关于替代解决途径的可行性。公司僵局并不必然导致公司解散，司法应审慎介入公司事务，凡有其他途径能够维持公司存续的，不应轻易解散公司。然而本案经过一、二审法院多轮的调解，永利公司和仕丰公司始终不能就转让股权、公司回购或减资等维系富钧公司存续的解决方案达成合意。尤其是在二审调解过程中，仕丰公司愿意受让永利公司股权，使富钧公司存续，其与永利公司就股权转让价格亦基本达成一致，但由于富钧公司不愿意全面公开在永利公司单方经营期间的经营状况和对外债务，故最终未能达成调解协议。《公司法》没有确立解决公司僵局的其他替代性救济措施，现富钧公司的持续性僵局已经穷尽其他途径仍未能化解，如维系富钧公司，股东权益只会在僵持中逐渐耗竭。相较而言，解散富钧公司能为双方股东提供退出机制，避免股东利益受到不可挽回的重大损失。

综上所述，富钧公司经营管理发生严重困难，继续存续会使股东利益受到重大损失，通过其他途径不能解决，仕丰公司作为持有60%股份的股东，提出解散富钧公司的请求，符合《公司法》第一百八十三条的规定，应予准许。

三　董事经理违反忠实与勤勉尽责义务

在董事高管违反忠实勤勉义务但公司不提起诉讼追究相关董事高管责任的情况下，股东可以代公司提起诉讼。以北京朝阳公园开发经营公司与陈某其他股东权纠纷二审案［最高人民法院（2013）民二终字第30号］为例。

1. 主要事实

原告为北京明达公司股东，北京明达主要业务为房地产开发经营，陈某为北京明达董事长、总经理。陈某投资设立了万达意地产公司，且为该公司的实际控制人。此后，万达意地产作为房地产销售代理人，与北京明达签订《包销协议》，销售北京明达开发的房地产。但万达意地产收取销售款后，没有直接将销售款转回北京明达，却在没有依据的情况下将款转至同样为陈某控制的其他香港公司，致使其他香港公司非法占有这些款项，北京明达该笔销售款无法收回。原告作为股东，以陈某作为公司董事高管违反忠实勤勉义务损害股东权利为由，代北京明达追究陈某的责任，要求陈某赔偿股东经济损失赔偿损失。

2. 法院判决及理由

法院支持了原告的诉讼请求。主要理由如下。

关于陈某应否对北京明达销售款的损失承担民事责任。

……作为北京明达的董事长、总经理，陈某在如下三个方面违反了忠实履行职务、维护公司利益的要求，给北京明达造成了损害，应当承担赔偿责任。

首先，陈某及万达意公司分别持有万达意地产50%的股权，而陈某又持有万达意公司90%以上的股权，故陈某系万达意地产的实际控制人。在万达意地产与北京明达签订《包销合同》时，陈达文应对北京明达披露其与万达意地产的关系，但陈某没有证据证明其在签订《包销合同》时向北京明达披露该事项。

其次，《包销合同》系万达意地产与北京明达签订，万达意地产收取销售款后，应及时直接将销售款转回北京明达，陈某作为万达意地产的实际控制人，也完全有能力控制销售款，但万达意地产却在没有依据的情况下将款转至同样为陈某控制的其他香港公司，致使其他香港公司非法占有这些款项，造成北京明达的销售款损失。

最后，在万达意地产并未按照《包销合同》约定履行的情况下，如果仍然按照《包销合同》约定的方式结算，则北京明达和万达意地产的利益明显失衡。即万达意地产收益高、风险低，而北京明达收益低、风险高。作为北京明达的董事长、总经理，陈某应采取变更合同或者其他措施，维护北京明达的利益。但陈某未采取相应措施，损害了北京明达的利益。2006年，万达意地产撤销解散，致使北京明达无法向万达意地产索赔。陈某作为万达意地产的股东、董事，未能提供证据证明其已经履行了北京明达与万达意地产该笔债务的清理义务，其应对北京明达损失的1194万美元销售款承担赔偿责任。

四 没有建立和实施有效的内部控制制度

实践中，诸如财务经理擅自贴现票据、核心技术人员对外泄露公司技术秘密、销售人员私收货款等经理人舞弊行为都是常见的内控缺陷。对于上市公司来说，公司内控若存在重大缺陷，则最终必然体现在会计师事务所对公司财务报告出具的非标审计意见以及对财务报告内控有效性出具的非标审计意见上。

（一）无法表示意见的审计报告

普华永道中天会计师事务所（特殊普通合伙）为天马股份（002122）2017 年 12 月 31 日的合并资产负债表及 2017 年度合并公司利润表、合并公司股东权益变动表、合并现金流量表出具了无法表示意见的审计报告。发表无法表示意见的事项如下。

1. 预付款项的商业实质

截至本报告日止，管理层尚未对下述事项提供合理的解释及支持性资料以说明预付东方博裕公司款项的商业实质：

（1）向东方博裕预付的钢材采购款远大于天马股份 2017 年度全年实际钢材采购额，而管理层亦未提供能支持上述钢材采购额的、经适当管理层批准的相关产品的未来生产及销售计划；

（2）向东方博裕采购钢材和机器设备约定的 9 个月的交货期，远长于与天马股份与其他供货商约定的 3 个月交货期、且在货物约定交付前 9 个月已经全额预付货款；

（3）对于东方博裕这一本年度新增供应商，管理层在签订采购合同并全额预付共计人民币 6.666 亿元货款前，没有对其背景情况、财务状况、信用情况进行必要的调查以评估其信用风险的理由；

（4）管理层没有提供 2018 年 1 月 2 日支付的人民币 1 亿元预付款项的付款审批文件。

　　　　　　　　　　／律师谈公司治理

由于受到上述范围限制，我们无法获得充分、适当的审计证据，也无法执行替代性程序。

2. 对投资基金合并的相关审计工作

截至本报告日止，管理层尚未提供以下资料：（1）根据投资协议喀什基石有权对其名下 51 家被投资企业派驻董事而实际未派驻董事的原因及支持性资料；（2）喀什基石名下剩余 3 家被投资企业的投资协议；及（3）按照可供出售金融资产核算的 12 家企业公允价值评估中所使用的相关参数的合理解释。

由于受到上述范围限制，我们无法获得充分、适当的审计证据，也无法执行替代性程序。

3. 投资款的商业实质

截至本报告日止，管理层尚未对下述事项提供合理的解释及支持性资料以说明上述投资款的商业实质：

（1）喀什耀灼对北京朔赢投资 1.1 亿元投资事项及该笔投资款的商业理由及商业实质，以及对该逾期未收回投资款的可收回性评估；及（2）若北京朔赢与天马股份不存在关联关系，北京朔赢的公司电子邮箱后缀与天马股份第一大股东的关联公司存在上述关联情况的合理解释。

由于受到上述范围限制，我们无法获得充分、适当的审计证据，也无法执行替代性程序。

4. 已撤销并收回的投资款的商业实质

截至本报告日止，管理层尚未对下述事项提供合理的解释及支持性资料以说明上述已撤销并收回的投资款的商业实质：

①天瑞霞光投资公司对天马股份全资子公司投资 1 亿元在一个月内撤资的商业理由；及②若天瑞霞光与天马股份不存在关联关系，天瑞霞光的办公地址及其公司电子邮箱后缀与天马股份及其第一大股东的关联公司存在上述关联情况的合理解释。

由于受到上述范围限制，我们无法获得充分、适当的审计证据，也无法执行替代性程序。

（二）带强调事项段保留意见的审计报告

亚太（集团）会计师事务所（特殊普通合伙）对中弘股份（000979）2017 年度财务报表出具了带强调事项段保留意见的审计报告。

出具保留意见的事项如下。

（1）我们对中弘股份公司四家重要联营企业 Asiatravel. com Holdings Ltd、天津世隆资产管理合伙企业（有限合伙）、青岛中商研如意岛投资中心（有限合伙）、宁波梅山保税区深华腾十五号投资中心（有限合伙）权益法确认的投资收益无法获得充分、适当的审计证据。

（2）由于实际控制人凌驾于内部控制之上，导致中弘股份在未履行必要的审批程序的情况下，支付给海南新佳旅业开发有限公司 61.5 亿元股权转让款，我们对该项交易无法获取充分、适当的审计证据，也无法确定是否对该事项对应的预付账款进行调整。

（3）2017 年 10 月中弘股份公司旗下 Neo Dynasty Limited 承债式收购 Abercrombie & Kent Group of Companies, S. A.（AK 公司），

／律师谈公司治理

收购成本约为 27.84 亿元，持股比例为 90.5%，合并成本大于其所享有该公司净资产的差额形成商誉约 21.62 亿元；

中弘股份公司无法就 AK 公司合并形成商誉提供估值测算依据，我们无法获取关于商誉减值获取的充分、适当的审计证据。

……

审计报告中关于强调事项的内容：

我们提醒财务报表使用者关注，中弘股份公司 2017 年发生净亏损约 25.37 亿元，累计未分配利润约为 -16.40 亿元；截至 2017 年 12 月 31 日，中弘股份公司逾期支付利息约 6320 万元。目前中弘卓业集团有限公司、实际控制人王某与深圳港桥股权投资基金管理有限公司正在协商重大资产重组，改变公司持续经营的状况。

这些事项或情况连同审计报告正文所示的保留事项，表明存在可能导致对中弘股份公司持续经营能力产生重大疑虑的重大不确定性。

(三) 否定意见的内控审计报告

1. 案例一

天健会计师事务所（特殊普通合伙）对浙江菲达环保科技股份有限公司（600526）2017 年 12 月 31 日的财务报告内部控制的有效性进行审计，对公司内部控制有效性出具了否定意见。

《内控审计报告》中"导致否定意见的事项"如下。

（1）内部信息传递滞后，导致未能及时发现兰科项目大额损失并进行信息披露。菲达环保公司海外客户 Lanco Enterprise Pte. Ltd.（位于新加坡）之母公司 Lanco Infratech Limited（位于印度）

于 2017 年 8 月 7 日被银行申请破产清算，印度当地法院准许其在 2018 年 5 月前进行自救重整。菲达环保公司由于各部门之间信息传递滞后，导致未能及时发现该等损失并进行信息披露。上述内部控制重大缺陷影响了应收账款、存货、资产减值损失等报表项目的准确性，与之相关的财务报告内部控制失效。

（2）对江苏海德节能科技有限公司（以下简称江苏海德）日常经营活动缺乏监管，导致未能及时对江苏海德出现的大额亏损采取应对措施并进行信息披露。

2015 年 2 月，菲达环保公司与四名自然人分别签订《股权转让协议》，以人民币 16450 万元的价格收购江苏海德 70% 股权。2017 年末，菲达环保公司发现江苏海德经营情况不佳，方与其经营层加强沟通，并寻求改善方案。公司对江苏海德日常经营活动未能进行持续有效的监控，导致未能及时对其出现的大额亏损采取应对措施并进行信息披露。上述内部控制重大缺陷影响了资产减值损失、商誉等报表项目的准确性，与之相关的财务报告内部控制失效。

2. 案例二

天健会计师事务所（特殊普通合伙）对加加食品（002650）2017 年 12 月 31 日的财务报告内部控制的有效性进行审计，对公司内部控制有效性出具了否定意见。

《内控审计报告》中"导致否定意见的事项"如下。

公司的财务报告内部控制存在如下重大缺陷：公司存在未履行正常内部审批决策流程，以公司的名义对外开具商业承兑汇票、对外提供担保的情形。其中，2017 年度公司未履行正常内部审批决策流程，对外开具商业承兑汇票金额为 55010 万元，截至 2017 年 12 月 31 日，上述商业承兑汇票已承兑金额 26000 万元，尚未承兑金额 29010 万元；截至本财务报表批准报出日，根据相关经办人员及实际控制人提供的说明，截至 2017 年 12 月 31 日，未履行正常内部审批决策流程以公司名义对外提供担保金额约 8800 万元。截至 2018 年 4 月 26 日，公司未履行正常内部审批决策流程对外开具商业承兑汇票总金额为 69380 万元（包括 2017 年度，下同），未通过公司已承兑金额 33200 万元，尚未承兑金额 36180 万元，未履行正常内部审批决策流程以公司名义对外提供担保金额约 15300 万元。

上述商业承兑汇票及对外担保违反了加加食品公司筹资管理内部控制制度、对外担保内部控制制度、关联交易内部控制制度及其他相关规定。

有效的内部控制能够为财务报告及相关信息的真实完整提供合理保证，而上述重大缺陷使加加食品公司内部控制失去这一功能。

3. 案例三

西格玛会计师事务所（特殊普通合伙）对 ＊ST 皇台（000995）2017 年 12 月 31 日财务报告内部控制的有效性进行审计，对公司内部控制有效性出具了否定意见。

《内控审计报告》中"导致否定意见的事项"如下。

贵公司财务报告内部控制存在以下重大缺陷。

贵公司存货管理制度规定存货应每月盘点一次和每半年至少全面

盘点一次，但公司并没有完全执行该规定。贵公司在货物调拨时依据经相关负责人签字批准的调拨单或书面申请由仓储部门发货，而货物发出后财务部门并未对货物发出情况及时进行核算和反映。上述内部控制重大缺陷未能及时有效发现，从而对财务报表造成的重大影响。

注　释

1. Dewitt Truck Brokers v. W. Ray Flemming Fruit Co.，美国第四巡回上诉法院，1976，540 F. 2d 81。见沈四宝编译《最新美国标准公司法》，法律出版社，2006，第289~293页。

／律师谈公司治理

私公司法人治理

一 私公司法人治理的特点与主要内容

《公司法》是商法，意思自治是商法的基本立法原则。因此，从立法角度看，《公司法》自1994年7月1日实施后历经四次修订，每一次修订都反映了更多市场需求，体现了更多市场化的原则，给了股东和公司更多的自治；司法上更是如此，综观公司法诉讼裁判案例，公司法诉讼案件的裁判原则即是最大限度地尊重公司自治、股东自治以及穷尽内部救济。

对于私公司来讲，公司的运营结果不会影响不特定的多数人的权益，股东无论是否实际参与经营管理活动，大家都有更多的机会可以当面协商、交流，因此，法律给予了私公司在意思自治上最大的空间：那就是要根据公司实际情况（所处行业、业务发展阶段、盈利模式成熟与否、公司规模的情况、股东构成、股权结构、董事的决策能力、高管的到位情况等）对股东权利的行使实事求是地进行安排和设定，对董事高管做好激励与监督，逐步放权，并实事求是地设定公司组织架构以及各部门权限。

正是由于上述特点，私公司法人治理主要关注点是股东之间权利和义务配置。

（一）从法人治理角度对私公司进行分类

私公司根据发展状况可以分为初创期、发展期但小规模、大规模、准备进入公众公司四个不同阶段和情形。

四种不同情形的私公司法人治理上的特点如表1所示。

表1　私公司法人治理特点

不同情形	盈利模式是否确定/稳定	规模	是否有外来股东	股东是否亲自参与经营	董事会是否建立健全	公司组织架构是否建立健全	公司成功的具体要求
初创期	不确定且不稳定	小	一般无	是	否	否	确定盈利模式
发展期但小规模	基本确定且基本稳定	小	一般无	是	否	否	能够实现规模的扩大或持续坚持小规模
大规模	确定且稳定	大	一般有	可以是，也可以不是	一般是	是	按照公司战略，实现公司持续发展
准备进入公众公司	确定且稳定	大	一般有	可以是，也可以不是	是	是	进入资本市场，利用资本市场平台实现公司战略和持续发展

（二）建立了董事会的私公司对董事高管的授权与逐步放权

1. 授权需考虑的因素：董事高管的决策能力、股东参与公司经营管理的程度、公司内控建立健全程度、董事高管持有股权的情况。

2. 可以逐步授权/放权的事项：具体可见"公司治理内部法律关系架构"一章表8。

二　动态调整股权结构与股东权益

（一）为什么要调整股权结构

对于私公司而言，大量的公司失败原因除业务和盈利模式不成熟、现金链断裂外，排在第二位的就是股东之间的争议了。导致股东争议的根本原因是股东之间权利和义务配置不合理，所以，股权结构调整是需要首先考虑的问题。

公司设立后，股权结构需要调整的原因不外有三：一是公司初始股权结构设置不合理需要纠正，二是股东合作在磨合过程中发现此前股权结构设置不适合股东实际情况，三是公司经营情况变化导致原有股权结构不适应公司发展的新情况，如盈利模式获得市场验证与否、业务与技术的成熟与否、公司设立目的实现与否以及公司业务经营方向发生重大变化等。

（二）何为合适的时机

对于任何公司来讲，寻找合适的调整时机都特别重要，时机不成熟则无法调整，而一旦合适的时机错过，再人为地创设调整时机也是困难的。合适的时机包括公司生产经营出现重大亏损或盈利、经营方向发生重大变化、引进外来投资者、与第三方进行重组合作/吸收合并/分立/公司重组/股权重组、公司变更为公众公司等。

下面以三维丝（300056）股权之争为例，说明股权结构调整的合适时机。

2009年12月31日，公司上市前第一、第二大股东持股比例分别为35.44%、21.44%，至2016年9月引进战略投资者（持股9.44%），第一与第二大股东持股比例分别为17.35%、8.62%，后第二大股东与战略投资者计划拟获得公司控制权，双方穷尽诉讼手段，展开控股权争夺；此后，公司全资子公司受行业影响公司业绩大幅下滑，陷入重大诉讼，股权之争平息。随后，证监会立案、公司财务报告被会计师出具非标意见，公司进入股票退市风险。截至2018年3月31日，第一、第二大股东股权比例为14.89%：9.62%。

就上述三维丝股权之争案例，笔者认为，公司错过了调整股权结构的合适时机。对于该公司第一、第二大股东来讲，双方股权比例比较相近，如果双方合作得好，这样的股权结构也不是一定需要调整，但从后来发生的股权争执来看，双方上市后近10年的时间里仍然没有完成磨合的工作，说明没有更好地合作。因此，公司至少有两次机会来调整股权比例：一是由私公司变更为公众公司的时刻，二是股票上市股权禁售期届满之后。

/律师谈公司治理

（三）如何调整股权结构（举例）

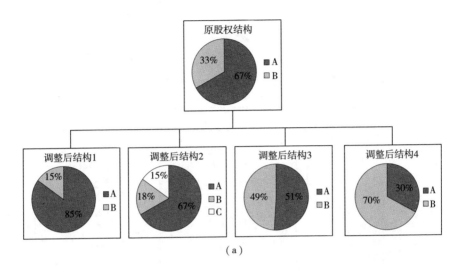

（a）

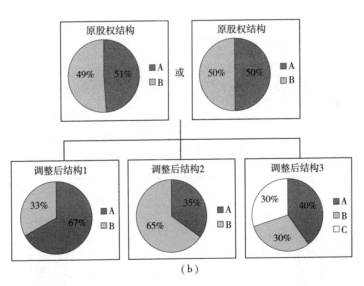

（b）

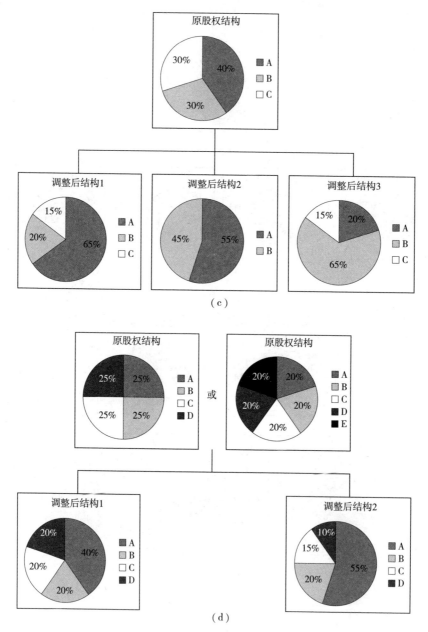

图1　股权结构调整方案

　　　　　　　　　　　　　　　　　　　　／律师谈公司治理

（四）如何调整除股权结构之外的股东权利和义务

1. 原股东之间没有特别约定情形下的股东权益调整（见表2）

表 2　股东之间没有任何特别约定情形下股东权益调整

需要调整的情形	调整后
公司设立目的没有实现	限制大股东退出，增加公司设立目的不达的具体情形以及解决办法
股东之间出现沟通困难或管理理念不一致	小股东退出管理，约定表决权与出资比例不一致，增加小股东退出的情形
股东之间出现沟通困难或管理理念不一致	小股东退出管理，约定分配权与出资比例不一致，增加小股东退出的情形
大股东以及董事会管理层未及时召开股东（大）会、董事会会议，不参与管理的股东无法行使知情权	明确约定股东知情权实现的责任主体以及需及时披露的信息
大股东或其他股东出现从事与公司竞争业务或未披露的关联公司以及与关联公司之间的交易	按照重要性程度，明确约定股东需履行的诚信义务，包括对竞争业务的处理、关联交易的审批程序和处理原则等
长期不召开股东（大）会与董事会会议	明确会议形式、内容、程序、方式、召集人等，以及不开会的法律后果，如增加小股东退出情形
公司股权结构相对分散，难以形成有效决议	建立一致行动人制度或章程、议事规则等其他调整
各股东对公司后续注册资本增加有不同意见	明确公司增资时股东是否享有优先认购权
大股东诚信、董事会组成以及小股东对公司管理及重大事项决策权的关注	调整股东（大）会、董事会职权，调增/调减股东（大）会、董事会决议通过比例，形成明确、可操作的议事规则
可能出现僵局	增加僵局的情形以及僵局发生时的解决办法
此前无股权是否可以继承的约定	增加股权是否可以继承的约定
发生股权结构调整，大股东或实际控制人变更、原股东股权结构变化、引进新股东	在调整股权比例的同时，相应调整其他股东权益

2. 原股东之间有特别约定情形下的股东权益调整（见表3）

表 3　原股东之间有特别约定情形下的股东权益调整

调整前	需要调整的情形	调整后
对大股东股权处置权的限制	公司设立目的实现	消除限制
小股东回购请求权	公司设立目的未实现或连续两年未分红或预期业务未实现或公司未实现上市目标等事先设定的股权回购情形出现	公司或大股东按照约定回购或者小股东放弃回购请求权，股东权利调整至平等状态或者将该股东权利调整至优先股，小股东放弃表决权换取固定收益
出资比例与表决权比例、分红比例不一致	公司设立目的实现，此前约定的不一致情形没有出现并经各方确认不再出现；或此前约定的表决权、分红权与出资比例不一致的情形需要进一步明确	删除不一致，将股东权利调整至平等状态；或维持不一致状况，同时进一步明确此前约定
财务投资人对公司治理特别约定的权限，如重大事项一票否决权	公司法人治理逐步建立健全，并能够得到有效实施	删除
小股东参与公司经营管理	与大股东合作过程中不愉快且公司经营状况良好、持续发展	退出部分股权，且不参与经营管理，或继续持股但不参与经营管理
对技术股东股权处置限制	公司技术经市场验证合格	消除限制，反之亦然
对董事高管激励的股权限制	业绩考核目标实现或公司实现IPO目标	消除限制，反之亦然
一致行动人协议	一致行动目标实现或一致行动人之间出现不同意见	终止或调整一致行动人范畴、增加关于一致行动协议权益调整的情形
除法定外，章程约定了股东（大）会、董事会职权	公司建立健全法人治理制度及其有效实施的程度变化、大股东诚信	及时调增/调减

／律师谈公司治理

（五）以一家中外合资企业为例，说明公司章程中事先约定的股权结构调整的可操作性

公司章程约定如下。

一、提前终止、购买权和出售权

1. 终止事项

如发生任何下列事项，则任一方应有权向另一方发出书面通知在合资企业期限到期前终止本《合同》：

（1）任一方（"违约方"）严重违反本《合同》，并且该违约可以进行补救，但违约方在接到合同另一方（"守约方"）书面通知后的六十日内未对该违约行为做出补救；

（2）合资企业在其成立日后初始三年的时间内，在连续二年的时间里每年遭受超过注册资本总额百分之二十五的长期严重损失，或者在成立日后三年的时间内，累计损失额超过注册资本总额的百分之五十，以较早发生者为准；

（3）在连续三年的时间内，合资企业未能达成商业计划的目标；

（4）一方违反本《合同》或适用中国法律规定转让、质押其股权或在股权上设立权利障碍；

（5）一方和/或其关联方严重违反《合同》或任何附属协议，且该等违约未能在该方自收到另一方书面通知后六十天内改正；

（6）不可抗力事件所产生的情况或后果已严重妨碍合资企业的正常运营，且双方在超过一百二十天的时间内未能找到解决

办法；

（7）任何政府部门对本《合同》或《章程》设置了任何附加的或不同的条件，且双方不同意该等条件；

（8）合资企业或另一方连续三个月的时间资不抵债，或破产或解散；

（9）发生僵局；

（10）双方决定终止本《合同》或其合资企业的合作；

（11）本《合同》适用中国法律明确规定的终止的任何其他原因。

2. 终止通知

（1）如果一方根据上述规定发出终止通知，双方应在该等终止通知发出后的三十天（"购买等待期"）内进行磋商并努力解决导致终止事项的问题。

（2）如果收到终止通知的一方对本《合同》的终止提出争议或质疑，则该方应有权根据合资协议规定将该等争议提交仲裁，以确定本《合同》的终止是否有效。

二、终止的后果

1. 购买权

（1）如果在购买等待期届满时，双方未能达成继续《合同》的一致意见，则双方应有义务讨论一方根据本章程规定购买另一方在合资企业注册资本中所有权益的事项。

（2）如果一方有权根据上述规定终止本《合同》，则任一方（"要约方"）应有权向另一方（"受约方"）提出购买受约方的所有（但不得少于所有）股权。

（3）任何该等要约应在购买等待期届满后三十天内以书面形式发送至另一方，且应包含下列内容：①合资企业100%股权的价值，以及对受约方在合资企业中股权的购买价格（以等比例的方式确定）；②有关要约中所述购买价格应在交割时可以现金支付的声明；③有关下述的声明，即该等要约系限于购买合资企业100%的股权且该等要约不得附条件，法律要求的任何政府批准除外；④该等要约在六十天内不可撤销。

（4）如果双方均根据上述规定及时递交了要约，则提出较高购买价格要约的一方（即提出更高的合资企业100%股权价值的一方）应有义务按照要约中所述的购买价格购买另一方在合资企业中的全部股权，且另一方应有义务按照要约中所述的购买价格出售其在合资企业中的全部股权，仅受限于获取适用法律要求的任何政府批准。

（5）如果仅有一方根据上述规定提出了包含所有内容的要约，则该方应有义务按照要约中所述的购买价格购买另一方在合资企业中的全部股权，且另一方应有义务按照要约中所述的购买价格出售其在合资企业中的全部股权，仅受限于获取适用法律要求的任何政府批准。

（6）如果没有一方按照上述规定向另一方发出要约，则应适用合资协议约定的清算程序。

2. 买断程序

（1）双方已经同意买断或者一方已经履行其买断权后，双方应签订股权转让协议。受约方应协助获取所有必要的政府批准。双方应在双方同意买断后九十天内完成买断交易。

（2）一方行使买断而导致本《合同》、本《合同》附件或《章程》的终止或任何修订以及股权转让，应获取相关政府部门的必要备案或审批以及登记。

（3）在一方向另一方出售其在合资企业中的股权完成之前，合资企业应在最大可能的程度内，维持其日常业务的运营。

三 "让肉烂在锅里"？

私公司发展的不同阶段，尤其是初创期以及没有外来股东情况下的发展初期，通常存在财务不规范的问题。当然，问题的存在有一定的合理性，如家族企业起步且不涉及外来股东、公司基础管理薄弱、节税（选择小规模纳税人）等，于是很多公司就有了两套账、三套账甚至更多这样的情形。这就是平常说的"让肉烂在锅里"。

对于私公司来说，在不涉及外来股东、不进入公众公司的情况下，财务规范对私公司到底有什么意义？当然，公司决定继续选择小规模私公司以及小规模纳税人的除外。

（一）知家底

我们曾为一家经营了十年的私公司提供过服务，这家公司进入新三板市场后，老板说："这次挂牌新三板给我最大的收获就是知道了自己的家底"。如果财务不规范，财务报告不能真实反映公司财务状况、经营成果和现金流量，那么公司目前产品销售和业务经营到底是盈利还是亏损？利润率是多少？管理费用、销售费用与同行业相比存在哪些问题？下一步加强管理从哪里入手？这些问题对于老板来说，也是一头雾水。

（二）防舞弊

这种舞弊不仅会发生在财务部门，也会存在于其他部门，如采购、生产、销售等部门。由于财务不能提供内控与管理的基础数据，公司就无法建立和实施有效的内控制度，因此，不论财务负责人、出纳为何人，这种舞弊行为都难以避免。

（三）为引进外来投资者和职业经理人创造条件

引进外来投资者以及对高管核心人员的股权激励都需要以财务规范为前提条件。

（四）降低未来进入资本市场的成本和法律风险

如果财务不规范，未来进入资本市场成为公众公司时，中介机构就需要下大力气进行整理、规范，这样的规范工作需要两个成本——会议时间成本和金钱成本（如税费），同时也存在法律风险。

一句话，财务规范是公司建立有效内控制度的基础。

四 确定私公司未来发展方向

从公司发展趋势上讲，经过初创期后，业务、技术和盈利模式逐步成熟的私公司未来有三个发展的方向：小规模私公司（即限定公司发展规模）、大规模私公司（如老干妈，截至目前还没有进入公众公司序列的安排）、公众公司。对于发展中的私公司来讲，方向问题需要尽早明确，一旦方向明确，公司在法人治理模式的选择上就会比较清晰，就不会走大的弯路。

小规模私公司、大规模私公司与公众公司在法人治理上的差异见表4。

表4　不同类型公司在法人治理上的差异

私公司类别	需遵守法律强制性规定的程度	在公司治理上可以意思自治的程度	是否有公开信息披露的义务	公司治理要求
小规模私公司	低	高	否	低
大规模私公司	低	高	否	较高
公众公司	高	低	是	高

遗憾的是，对于很多私公司来说，在就未来发展方向做出上述选择时并没有多少自由。例如，公司最近几年发展迅速已经达到一定的规模，但与同行业上市公司相比还有很大差距，竞争地位不突出，公司不甘心退回小规模；或者已经引进外来投资人公司做了业绩上的冲击但还没有如愿进入资本市场，在目前IPO政策态势下，进入资本市场的节奏要适当放慢，投资人基金到期要退出，公司该如何选择？

我们理解公司在这种情况下决策所面临的困难，但为了公司和全体股东的利益以及未来能够有一定的选择自由，这种痛苦的过程是必须经历的。公司以及股东还是要结合自身实际情况（业务/技术/管理/财务优势）、行业发展态势以及自身驾驭能力在确保公司生存的前提下实事求是地做出判断和分析：如果具备条件就再坚持一下，咬牙过了这道坎公司就会上一个新的台阶；或者将自身业务板块分别处理——部分与第三方寻求合作、部分处置、部分自己独立小规模经营；或者退回小规模，坚定选择小规模私公司来操作。作为理性的商事主体，万不可为了所谓的"面子"做出错误决策。

五　私公司法人治理发展趋势

（一）中国《公司法》历次修订的市场化意义

意思自治是商事主体从事市场经济活动的基本原则；但是，为建立秩序、稳定交易，作为公司有限责任和股东有限责任的交换，公司和股东需要接受法律对商事领域的强制性规定和政府对公司行为的必要监管。市场经济发展几百年的时间里，市场各方以及学者都在不断地研究、探讨与调整商事主体意思自治与政府公权力介入这两个问题的"合适的领域"以及"合适的度"。

无论如何，对于私公司来说，在公司治理这个不怎么影响第三方权益的事情上，法律应当最少地干预。也是从这个角度讲，我们认为，伴随着国家市场经济的逐步成熟以及市场经济主体的逐步理性，公权力在私公司法人治理层面的规定更多应当是倡导性的，而不是强制性的。对于这一点，历次《公司法》也是很好的例证，即《公司法》历次修改都反映了更多的市场需求，体现了更多的市场化原则，给了市场经济主体更多的自治。相信未来这种自治空间会越来越大。

（二）美国特拉华州在公司法中的竞争优势——"最后的竞赛"

众所周知，在美国联邦和州都有公司法的立法权，50 个州有 50 部公司法。为吸引投资者能够在它们的州设立公司或重新设立公司，各州展开了公司法间的竞争，最终产生了公司法制度的迅速发展，从而及时地为商业繁荣和经济发展服务。这一点，与世界各地在离案岛设立的离案公司不同，离案公司主要从事贸易业务，离岸岛从公司设立、管理便利以及税收优惠等方面吸引投资者。

沈四宝教授在其编译的《最新美国标准公司法》第二编"《美国标准商事公司法》的由来和发展"中指出[1]：

> 在这场各州的公司法修改"竞赛"中，最先的得胜者是新泽西州（New Jersey）。但是很快，该州就让位于其邻州——特拉华州（Delaware），因为新泽西州决定采纳威尔逊州长颁布的较强硬的公司法规则。特拉华州在公司法上的优势一直保持到现在。……美国著名的公司法教授 Carry 称之为"最后的竞赛"（Race of Bottom）。这种竞赛的结果是各州公司法尽量放松对公司的控制，当股东与经理发生冲突时，采取管理优先的原则（pro-management），在吸引投资者在特拉华州设立公司的竞争中，该州取得很好成绩，其主要原因如下。
>
> （1）该州的公司法，包括公司判例法在有关公司方面的法律原则都十分明确。
>
> （2）从事公司业务的律师熟悉该州的法律，而且成本很低。
>
> （3）该州负责公司事务的官员本身对公司法非常熟悉，而且能有效地给投资者提供各类帮助。
>
> （4）如果发生诉讼案件，在该州有很优秀的公司法律师，而

且法官的素质相对较高。

（5）该州的商业政策相对稳定，其主要的政策改变都由公司法专家们谨慎讨论后才能确定。

笔者同意沈四宝教授的上述分析与结论，我们认为特拉华州在成功吸引投资者方面的经验对于当前我国各地政府吸引投资者有很好的借鉴意义。

注　释

1. 沈四宝编译《最新美国标准公司法》，法律出版社出版，2006，第250~253页。

公众公司法人治理

　　由于国内对 IPO 的审核制，因此，一般地讲，能够进入证券市场的公众公司无论在盈利模式、业务规模、持续盈利能力，还是在公司治理上，均优于一般私公司。又由于公众公司在法人治理上受到更多法律法规的约束，且经过多年的中介机构辅导，因此，公众公司在公司治理上会得到更多的信任，这种信任来自股东、客户、债权人、高管与员工、供应商以及其他利益相关者。这也是世界范围内更多大规模公司愿意选择公众公司这种组织形式的原因。

　　资本市场平台也给公众公司带来了更多的机会，便于资源、资金、商业机会以及人才的聚集，同时有公开的市场定价机制对公司股票价格定价以及提供了便利的股份退出机会。这样公司在资源整合、对外收购扩张过程中可以更多地使用股份而不是非得用现金支付，即使使用大规模的现金，公众公司也有更好的条件去募集，这些便利使公司迅速扩张成为可能。所以，用好资本市场平台，可以直接给公司带来有竞争力的股票价格和不断攀升的公司市值，反之亦然。

　　作为公众公司，获得资本市场平台更多支持的代价是在公司治理上更高的要求以及承担更多的社会责任。因此，对于公众公司来说，控股股东、董事会和高管都需要更好地学习和运用规则。为便于理解，本专题在研讨相关法律问题的同时，提供美的集团、中国平安和华为三个公司治理做得比较好的案例，供大家学习。

一 美的集团：持续不断地推出多层次股权激励计划

美的集团（000333）创立于 1968 年，至 2018 年公司已有 50 年的历史。2013 年集团整体上市。根据公司 2017 年年报，"2017 年公司实现收入2419.19 亿元，增长 51.35%，实现归母净利润 172.84 亿元，增长 17.71%，据 2017 年《财富》世界五百强榜单，美的排名第 450 位，较上年上升 31位……2017 年末，美的市值达 3630 亿元，全年涨幅超过 100%"。同时美的为全球领先机器人智能自动化公司德国库卡集团最主要股东（持股约占 95%）。

追溯美的公司这些年发展的历程，我们确实感受到公司 2014 年以来持续不断地推出多层次股权激励计划——期权、限制性股票以及美的集团高层"合伙人"计划，是美的集团迅猛发展获得源源不断活力的基础与源泉。为实施股权激励，公司最近三年承担的股份支付费用分别为37766 万元、54691.4 万元和 84156.6 万元。本书从公司治理角度，整理股权激励部分内容与大家共享。

（一）期权激励计划（见表 1）

表 1 期权激励计划

	获准实施时间	考核条件	实施情况
第一期	2014 年 7 月 17 日	2014 年度、2015 年度、2016 年度行权期内扣非后净利润分别不低于前三个会计年度平均水平	2015 年度、2016 年度和 2017 年度分别完成三个行权期行权，行权价格为 11.01 元/股

	获准实施时间	考核条件	实施情况
第二期	2015 年 5 月 25 日	2015 年度、2016 年度、2017 年度行权期内扣非后净利润分别不低于前三个会计年度平均水平	已完成两个行权期内行权，行权价格为 18.56 元/股
第三期	2016 年 6 月 6 日	2016 年度、2017 年度、2018 年度行权期内扣非后净利润分别不低于前三个会计年度平均水平	确定激励对象 891 人，行权价格 20.35 元/股，已授予期权数量 12148.5 万份，第一个行权期已行权
第四期	2017 年 4 月 21 日	2017 年度、2018 年度、2019 年度行权期内扣非后净利润分别不低于前三个会计年度平均水平	确定向 1463 名激励对象合计授予 9827.4 万份，行权价格 32.72 元/股。至 2019 年 5 月 11 日为第一个行权期，可行权人数 1339 人，可行权数量 2950.98 万股
第五期	2018 年 4 月 23 日	2018 年度、2019 年度、2020 年度、2021 年度行权期内扣非后净利润分别不低于前三个会计年度平均水平	2018 年 6 月 21 日完成首次授权，激励对象 1328 人，拟分配 6142 万股，首次授予价格 56.34 元/股

（二）合伙人持股计划（见表2）

表 2　合伙人持股计划

	获准实施时间	考核条件	实施情况
第一期	2015 年 4 月 21 日股东大会审议通过，分四期实施	2015 年度归属于母公司所有者的净利润增长率较 2014 年度不低于 15%，且 2015 年度加权平均净资产收益不低于 20%	已完成第一个归属期和第二个归属期分配，合计完成了 70% 的权益归属、195.21 万股，激励对象为公司高管方洪波等及核心管理人员
第二期	2016 年 3 月 24 日推出	2016 年度加权平均净资产收益不低于 20%	总购股 387.4590 万股，已完成第一归属期分配

	获准实施时间	考核条件	实施情况
第三期	2017 年 3 月 29 日推出	2017 年度加权平均资产收益不低于 20%	已购 284.6445 万股，均价 34.77 元/股
第四期	2018 年 4 月 23 日推出	2018 年度加权平均净资产收益不低于 20%	已购股 33.18540 万股，均价 54.98 元/股

（三）限制性股票激励计划（见表3）

表 3 限制性股票激励计划

项目	2017 年限制性股票激励计划	2018 年限制性股票激励计划
获准实施时间	2017 年 4 月 21 日	2018 年 4 月 23 日
方案（草案）	拟首次向 140 名激励对象授予 2424 万股限制性股票，首次授予价格为 16.86 元/股，预留限制性股票 555 万股	拟首次向 344 名激励对象授予 2221 万股限制性股票，首次授予价格为 28.77 元/股，预留限制性股票 280 万股
董事会调整方案	激励对象调整为 133 名，股票总数量调整为 2313 万股，首次授予价格调整为 15.86 元/股	激励对象调整为 343 名，股票总数量调整为 2215 万股，首次授予价格调整为 27.57 元/股
实际执行情况	截至 2017 年 5 月 18 日，公司已收到 133 名激励对象缴纳的认股款 3.67 亿元；截至 2018 年 1 月 24 日，公司已收到 54 名预留股份激励对象缴纳认股款 1.51 亿元，实际授予的预留股份 538.5 万股	截至 2018 年 6 月 6 日，公司已收到 319 名激励对象缴纳的认购款 5.67 亿元

二 中国平安：最新公司章程修订案

中国平安成立于 1988 年，2004 年香港 H 股上市，2007 年 A 股上市，至 2017 年市值突破万亿元。经过三十年发展，公司已由初始的保险业务发展为目前的国际领先的科技型个人金融生活服务集团。

（一）董事高管及核心人员持股计划实施情况

从最近年度情况看，公司核心人员持股计划于 2014 年 10 月 28 日推出，2015 年 2 月 5 日股东大会批准后正式实施。截至 2017 年末，此项计划已实施三期，具体见表 4。

表 4　中国平安事业合伙人持股计划实施情况

实施情况	首期实施	第二期实施	第三期实施
激励人数	可归属员工 701 人	可归属员工 721 人	1157 名激励对象
已购 A 股股票数量	405.0253 万股	1480.385 万股	1641.999 万股
成交金额和成交价格	成交金额约 3.12 亿元	成交金额约 4.82 亿元，均价 32.53 元/股	成交金额约 6.03 亿元，均价 36.74 元/股

（二）2018 年 3 月 19 日股东大会审核通过的公司章程修订案

中国平安股权结构分散，不存在控股股东，也不存在实际控制人。截至 2017 年 12 月 31 日，持股比例超过 5% 的股东有两名：卜蜂集团和深圳市投资控股有限公司，卜蜂集团有限公司合计间接持有公司 H 股约 17.69 亿股，占总股本的 9.68%；深圳市投资控股有限公司持有本公司 A 股约 9.627 亿股，占总股本的 5.27%。

公司现有董事 17 名，其中执行董事 6 名、非执行董事 5 名、独立非执行董事 6 名。董事长马明哲先生同时担任公司总经理职务。中国平安作为 A+H 股公司，在公司治理方面一直获得市场的高度认可，堪称公众公司法人治理的典范。

可以说，对于任何一家治理良好的公司而言，公司章程一定都发挥了重要的作用，中国平安也不例外，所以，值得大家仔细研读。中国平安公司章程在设定股东权利和义务、划分股东大会与董事会职权、确定董事/监事/独立董事以及高级管理人员的勤勉尽责行为等方面均体现了依法、明确、可操作的原则。本次公司章程修订又强化了独立董事的职权并增加了"公司治理制度失灵"这一公司治理特殊情形。

中国平安公司章程看点如下。

（1）中国平安公司章程制定时需依据《公司法》《证券法》等法律、行政法规，中国证监会、香港证监会、中国保监会颁布的部门规章和行业规范，以及上海证券交易所和香港联交所制定的规则。因此，将上述规定融入公司章程是首要要求。

（2）体现了股东平等和股东民主的原则。如关于股东不得滥用股东权利损害公司利益的约定并不限于控股股东，"当公司单个股东（关联股东或者一致行动人合计）持股比例超过20%时，股东大会就选举董事、监事进行表决，必须实行累积投票制，且任何股东推荐的董事不得超过2人"，以及类别股东特别权利保护等。

（3）体现了公司治理上股东积极主义的价值取向。如关于召开股东大会以及类别股东大会通知发出后，需计算参加会议股东的持股数量，当参加会议有表决权的股东持股数量低于1/2时，需再次发出会议通知。

（4）在股东大会和董事会对公司重大事项决策权的分权方面，明确下列事项由股东大会决策体现了合法、务实、效率与公平的原则，能够防止董事会越权、内部人控制损害股东权利。①《公司法》规定的超过公司资产总额 30% 的事项。②《公司法》及中国证监会规定的特别担保事项（同前）。③公司设立法人机构，以及实施重大对外投资、重大资产处置与核销、重大资产抵押等重大事项，"重大"的判断标准应参考章程第一百三十九条约定："使用不时进行修订的《联交所上市规则》中规定的资产比率、代价比率、盈利比率、收益比率及股本比率（以下简称'五项比率'）的任意一项计算在百分之二十五以上的各项投资，或使用不时进行修订的《上证所上市规则》中规定的交易金额比率及净利润比率（以下简称'两项比率'）的任意一项计算在百分之五十以上的各项投资。对于'五项比率'的任何一项计算均低于百分之二十五且'两项比率'的任何一项计算均低于百分之五十的各项投资事宜决策权由股东大会授权董事会行使"。

（5）特别强调了董事、独立董事、监事和公司高级管理人员对公司忠实和勤勉尽责的义务。公司章程中明示了董事、监事、高管在履行职责时"必须遵守诚信原则，不应当置自己于自身的利益与承担的义务可能发生冲突的处境"，并一一列示了包括"真诚地以公司最大利益为出发点行事"等 12 项基本原则，并明确了"不得将董事会职权笼统地或者永久授予公司其他机构或个人行使"等制度性约束，为实践中无法穷尽的事项提供了原则性的判断依据，并为防止董事、高管越权提供了制度保障。

（6）包含大量的务实与可操作性条款，如对股东知情权的实现步骤、独立董事特别职权的约定、关于独立董事/监事会/持股 10% 以上的股东提议召开临时股东大会的召集召开程序、通信方式召开董事会会议、董监高的保险机制、公司利润分配的实施等。本次修订又增加了"在每届董事会任期内，每年更换的董事不得超过全部董事会成员总数的三分之一"这样务实的反收购措施以及公司治理机制失灵的解决办法等实践中可能出现的情形。只有这样务实、可操作的约定，才能确保股东权利实现和股东对董监高的授权与约束真正落到实处，加上不时实施的股权激励制度，真正为公司成功提供了切实有效的法人治理第一层面的制度保障。

三　华为：董事会工作制度有看点

华为公司全称为华为投资控股有限公司，创立于 1987 年，即华为集团，华为技术有限公司等业务子公司为集团的全资子公司。华为是全球领先的信息与通信技术解决方案（ICT）供应商，业务遍及全球 170 多个国家和地区，服务全世界三分之一以上的人口。华为员工约 18 万名、拥有超过 160 种国籍，海外员工本地化比例约为 70%。根据 2017 年年报公告的数据，2017 年度公司合并实现销售收入 6036 亿元，营业利润率为 9.3%，2017 年实现的净利润为 474.55 亿元。作为一家拥有核心技术和持续创新能力的公司，华为备受社会尊敬。

华为的公司组织形式为有限责任公司，非股份有限公司，未曾公开发行股票。所以，按照证监会 96 号令《非上市公众公司监督管理办法》的规定不属于公众公司。根据华为官网公布的 2017 年年报，截至 2017 年 12 月 31 日，公司有两位股东：工会和创始人任正非先生，其中，工会代表 80818 名员工股东持股。2017 年度内，公司通过两子公司公开发行了两只美元债券，因此，作者认为从性质上讲，华为属于非上市公众公司。

作为一家非上市公众公司，年报披露不是强制性要求，但公司会在官网上主动公开披露年度报告。因此，公司年度报告的内容与形式自然也没有固定的格式要求，这样公司可以按照自己的理解和意愿做出年度报告。公司 2017 年年度报告主要包括如下几方面的内容：2017 年业务发展、五年财务概要、行业趋势、管理层讨论与分析、财务报告（按照国际会计准则编制）及审计报告（按照国际审计准则编制）、风险要素、公司治理报告以及可持续发展等多项内容。除此之外，年报上逐一介绍了当前 17 名董事会成员的简历，便于社会更多地了解公司运营背后强大的董事会团队。

（一）华为股东的特点：股东人数众多、设持股员工代表与候补代表

根据 2017 年报，截至 2017 年 12 月 31 日，创始人任正非先生直接持有的公司股权为 1.4%。任正非先生也参与了员工持股计划，还通过工会间接持有公司部分股权。工会通过持股员工代表和候选代表行使表决权，持股员工代表由持有公司股权的员工选举产生。2017 年年报中披露的目前持股员工代表约 50 人。作为一家持股人数数量众多，且全部为员工持股的公司，华为应当有一套设计科学、制度完善、能够起到积极的激励作用的员工股权管理办法。通过华为这些年的发展，我们能够感受到这套制度的设计和实施对华为产生了重大影响，可以说是华为这些年持续创新和进步的原动力。

（二）华为董事会工作制度的特点：设董事会常务委员会、候补董事，实行董事会主席轮值制

公司董事会设常务委员会，常务委员会是董事会的常设执行机构，受董事会委托对重大事项进行研究，就董事会授权的事项进行决策并监督执行。2017 年，董事会常务委员会共举行了 12 次会议。

董事会成员共 17 名，由持股员工代表会选举产生并经股东会表决通过。目前董事会成员包括：董事长梁华先生，副董事长 4 人、常务董事 3 人、候补董事 3 人（董事缺位时依次由候补董事替补）、董事会常务委员会成员 7 人。

公司董事会及董事会常务委员会由轮值董事长主持，轮值董事长在当值期间是公司最高领导人。轮值董事长的轮值期为六个月，未来五年董事长轮值顺序在年报中都做了披露。董事会主席实行轮值制，董事会是公司战略、经营管理和客户满意度的最高责任机构，肩负着带领公司前进的使命，行使公司战略与经营管理决策权，确保客户与股东的利益得到维护。

这些年来，很多人都在关心控股权的问题，控股股东拥有的董事提名权以及对公司董事会决策的重大影响，包括后面谈到的反收购措施等。实践中也不断有公司向我们以及我们的团队咨询这个问题。作为公司法业务律师，我并不完全同意过分强调董事提名权来保证控股权的做法，相比较而言，我认为华为这种制度化的安排更为科学、合理，更有利于公司的发展。

华为董事会的主要职责也没有简单摘抄《公司法》的规定，而是根据公司实际情况和股东的授权，在合法的基础上，做了实事求是的安排，体现了对董事会更多的授权，如通常情况下，公司战略规划、公司年度预算方案及年度审计报告应当由股东批准，而华为则授权了董事会批准。

华为股东会授权的董事会职权具体如下：

（1）制订公司治理方案（股东会批准）；

（2）审议公司注册资本增加或减少方案、利润分配方案及弥补亏损方案（股东会批准）；

（3）审议公司股权激励计划、非股权的长期激励计划（股东会批准）；

（4）审议或批准公司进入或退出产业领域，批准公司战略规划；

（5）批准事关公司的重大风险和重大危机的管理方案，管理重大突发事件；

（6）批准重大的组织变革与调整、管理机制建设和业务变革；

（7）批准重大的财经政策、财务规划与商业交易；

（8）批准公司年度预算方案、年度经营报告及年度审计报告；

（9）批准内控与合规体系的建设；

（10）批准公司高级管理人员的任免、薪酬、长期激励；

（11）批准公司层面的重大人力资源政策及规划。

四　新三板挂牌公司法人治理情况

新三板全称为全国中小企业股份转让系统，是经国务院批准，依据《证券法》设立的继上交所、深交所之后第三家全国性证券交易场所，

　　　　　　　　／律师谈公司治理

自 2013 年 1 月成立并运行。企业到新三板市场挂牌实行注册制（这一点与上海证券交易所、深圳证券交易所不同，上海证券交易所、深圳证券交易所上市的公司股票需通过证监会核准），没有具体财务指标的要求，挂牌公司在新三板市场上不能公开发行，只能非公开发行股票，但可以公开交易以及进行并购、重组、发行债券等其他经济行为。这就导致了目前到新三板挂牌的公司参差不齐的情况。

粗略地看，新三板挂牌公司大概有两种情形：一种是小规模公众公司：公司成立时间不长、规模不大，有的已经完成盈利模式的确定，有的公司盈利模式还没有得到自身以及市场足够的认可，即仍在扩大规模的发展过程中；第二种情况是大规模公众公司，只是公司由于自身原因未选择走 IPO 程序并到沪、深证券交易所上市，或者财务指标受限尚达不到 IPO 的标准。

由于公司所处阶段不同，新三板挂牌公司在法人治理上也就需要面临不同的问题。

（一）小规模挂牌公司面临的挑战

对于小规模挂牌公司来说，除去公司股票已经在新三板市场挂牌交易这一点，公司在法人治理、盈利模式的确定、市场竞争地位、职业经理人到位等方面的情况和小规模私公司没有实质性的差异。但是，由于公司已在新三板挂牌，公司性质变更为公众公司，就需要遵守更多公众公司的强制性义务与责任，尤其是在法人治理方面的强制性规定，如要按照规定的程序和要求召开董事会/股东大会会议，在股权结构和股东权益调整上没有更多的自主权，财务规范有更高的要求，需要强制性要求有证券资格的会计师进行审计，并主动履行信息披露义务，尽管这种信息披露义务的履行程度与主板交易市场还有些差异。

所以，如何处理这个问题，是小规模挂牌公司面临的挑战。

很显然，对于挂牌公司来说，法人治理成功的目标是让自己迅速成长起来、迅速扩大规模、稳定盈利模式并提高市场竞争力。这样就需要用好资本市场的平台，认真学习并自觉遵守规则、充分展示自己的优势，更好地获得投资者和职业经理人的认同，逐步按照要求夯实自己的法人治理架构，建立健全科学有效的制度并保证实施，从而更快地发展、壮大。我们身边不乏这样的成功案例，即通过新三板市场让公司迅速发展壮大，很快实现了自己的目标，包括规模扩大、法人治理水平提高、频频获得投资者和职业经理人认同，进而获得融资和职业经理人加入。有的公司还成功实现了 IPO，或者与同行业公司合并实现间接上市，或者成为继续在新三板挂牌交易的创新层明星企业。

当然，有成功也就不乏失败的案例。这是由资本市场自身特点决定的，即"好事传十里，坏事传万里"。最近几年，在执行审计业务的会计师事务所频频说"不"的背景下，不少公司或者被摘牌，或者加速失败，甚为可惜。所以，作为律师，我们一般都建议公司、实际控制人在决定自己是否到新三板挂牌之前能够就这个问题想明白，关键时刻做出正确决策。还是那句话：资本市场是手段，不是目标，需要公司有过人之处，也需要实际控制人、董事管理层有更好的驾驭能力。

（二）大规模挂牌公司需要达成的目标

对于规模较大的挂牌公司来说，公司在盈利模式、市场规模等方面都有了一定的基础，可以更好地应对市场竞争。这种情况下，大规模挂牌公司需要重点解决的问题就是如何更好地让自己从私公司顺利地过渡到公众公司，对照公众公司要求检查自身法人治理架构，迅速夯实法人治理架构，通过制度的保障，让公司走得更远。同时，大规模新三板挂牌公司有优势用好资本市场的平台，寻找优质投资者和更好的职业经理人，打好资本市场这个免费的"广告"，让自己成为新三板市场上的明星企业。

（三）从被动到主动接受规则并自愿履行义务

粗略地看，多数成功用好资本市场平台的公司都经历了从最初的被动接受规则到主动接受并自愿履行义务的过程，这是挂牌公司法人治理的规范和提高治理水平的必要条件。有两个原因：一是，如果公司一直是被动接受规则的，新三板公司法人治理水平的各项要求不能获得实际控制人、董事高管的内心认可，那么展现法人治理要求的厚厚的文件只能成为董秘或信息披露负责人桌子上的摆设，公司法人治理水平永远无法提高。二是，对于很多公司来说，到新三板挂牌之前，无论是财务管理、内控制度，还是股东权益调整、董事会/股东大会会议制度都存在不同程度的不规范，这种不规范有的已经到了影响公司发展的程度，如公司失去了进一步努力的方向和目标，部分股东要退出，职业经理人无法进入，公司或者徘徊不前，或者无法突破发展的瓶颈，或者作为家族企业的创始人无法交出接力棒，等等。所以，这种情况下，规范就成了必须解决的问题。一旦通过资本市场，在中介机构的帮助下解决了规范的问题，自然就会获得资本市场的认同，包括更多的市场资源和人才机会。

这个问题对于 IPO 企业来说要好一些，一方面，拟 IPO 企业盈利模式确定且成熟，公司有足够的规模和市场竞争力；另一方面，IPO 企业辅导时间较长，在中介机构辅导的多年时间里，公司法人治理水平一般能够获得进步。

（四）挂牌公司法人治理总体情况

总体上看，经过多年挂牌，多数新三板挂牌公司在资本市场上获得了一定程度的发展。2018 年 5 月 3 日，股转公司发布《新三板挂牌公司 2017 年年报分析报告》，对其中关于挂牌公司法人治理情况的统计数据摘录部分内容如下。

截至 2018 年 4 月 27 日，共计 11371 家公司须披露 2017 年年度报告，除已提交终止挂牌申请的 147 家公司外，共有 10764 家挂牌公司完成 2017 年年报披露工作，按期披露率 96%[1]。具体情况如下。

一、挂牌公司整体保持高质量快速发展态势，企业社会责任和规范度均进一步提升

（一）整体业绩继续保持较快增速。已披露年报挂牌公司 2017 年共实现营收 1.98 万亿元，净利润 1154.84 亿元，分别同比增长 21.21% 和 14.69%，盈利面 76.44%。其中非金融企业共实现营收 1.89 万亿元，净利润 1012.99 亿元，分别同比增长 21.12% 和 17.79%，增速较去年进一步提高 3.64 个和 7.20 个百分点，盈利面 79.63%。盈利能力维持较高水平，净资产收益率 8.69%。经过市场的发展培育，挂牌公司五年以来[2]总资产、营业收入和净利润分别累计增长 102.02%、75.97%、91.61%，已有 906 家公司挂牌

后实现规模升级，其中 48 家微型企业成长为小型企业，844 家小型企业成长为大、中型企业。

……

（五）公司治理进一步改善。挂牌新三板后，公司治理的规范性明显加强。制度建设方面，4333 家公司在 2017 年建立新的公司治理制度，占比 40.25%；7407 家公司建立年度报告重大差错责任追究制度，占比 68.81%，同比提升 13.85 个百分点。外部制衡方面，有 654 家公司开始设独立董事，538 家公司管理层引入了职业经理人。权益分配方面，共 2548 家挂牌公司公布分红预案，占已披露年报挂牌公司家数的 23.67%。其中 2044 家实施现金分红，拟发放现金股利合计 267.85 亿元。信息披露方面，因未按时披露2017 年年报而被处罚的公司家数同比减少 20 家。1268 家创新层公司中，除 28 家已提交摘牌申请的公司外，1193 家按时完成 2018 年一季报披露，按期披露率达 96%[3]。

……

注：[1] 剔出已提交终止挂牌申请的公司。

[2] 按披露了 2013～2017 年年报的 6979 家挂牌公司统计。

[3] 剔出已提交终止挂牌申请的公司。

五　再谈万宝之争

从资本的趋利本能角度讲，公众公司控股权如被资本盯上大概有两个原因：一是公司在原股东和管理团队管理下没有创造应有的价值，即公司有被并购的价值；二是公司股票价格被低估，有投资的价值。从这两点看，公司收购是市场化行为，也是自然竞争的结果，因此完全没有必要大惊小怪。纵观美国反收购的发展历程，也经历了从坚决抵制到相对放任的态度[1]，这种态度变化的根本原因是公司收购行为是市场经济条件下的资源、资金和人才的有序流动，而对这种基于市场自身需求的流动，法律和监管层面没有必要给予限制。

私公司也存在被收购的问题，只是由于私公司股权没有在公开的交易场所进行交易，因此，所有的公司收购行为都必须获得股东同意方可进行。而对于公众公司来说，由于公司股票公开交易，因此，不需要经过股东同意即可成为公司股东。当然，考虑到持股一定比例所造成的公司股权结构变动对公司股票价格的影响、对中小股东权益的影响，境内外证券市场都规定了增持一定比例需履行信息披露义务以及持股达到一定比例需履行向全体股东强制进行全面要约收购的义务。《证券法》目前规定的最低信息披露义务持股比例为5%，触发要约收购义务的股权比例为30%。同时，由于对公众公司的收购操作方式更有意义、规模更大、有相对市场化的定价、收购行为产生的行业和社会影响更大，所以，一般论及公司收购时指的都是对公众公司的收购。

对于国内上市公司来讲，2016~2017年资本市场上演的"万（万科）宝（宝能集团）之争"给市场提供了一个关于公司治理和上市公司控股权之争有意义的案例。最后的结果是：2017年1月，万科原第一大股东华润集团高价退出；2018年4月，新晋第一大股东宝能集团陆续开始减持股票，据市场分析，宝能集团获得了不菲的投资收益；深

／律师谈公司治理

圳地铁集团自 2017 年 1 月通过收购华润集团和恒大集团股份成为万科新的控股股东（截至 2017 年 7 月 7 日持有万科股份比例为 29.38%）；2017 年 1 月，王石作为万科创始人和董事局主席退出舞台，公司在新股东的主导下重组第十八届董事会。轰轰烈烈的万宝之争画上了句号。

我们现在回过头来追溯这个事件全部过程。

（一）宝能收购前万科基本情况

A+H 股进程：1991 年 1 月 29 日，万科 A 股股票在深圳证券交易所挂牌交易；1993 年 5 月 28 日，公司发行 B 股在深圳证券交易所上市；2014 年 3 月，中国证监会核准万科将其持有的 B 股转换上市地以介绍方式在香港联交所主板上市；2014 年 6 月 25 日，万科 H 股在香港联交所主板上市并挂牌交易。

股东情况：深圳地铁（深圳市属国有企业）曾为万科股东，万科上市前，深圳地铁股权退出。王石为公司创始人，但万科上市时，王石放弃了公司原始股份，因此，万科上市时王石不持有万科股份。2008年，万科宣布自己是一家没有实际控制人的公司。截至 2015 年 12 月 31日，宝能集团增持万科股票，万科第一大股东为华润集团（央企、国有独资企业），华润集团持有万科 15.23% 的股票。

董事会结构：截至 2015 年 12 月 31 日，万科董事会成员 11 名，其中独立董事 4 名，华润提供的董事 3 名。董事局主席为王石先生。

（二）万科事件进程

（1）宝能集团通过二级市场收购成为公司第一大股东。自 2015 年1 月起，深圳宝能集团通过深圳市钜盛华股份有限公司和前海人寿保险股份有限公司（以下合称宝能集团）两个公司多个账户分别买进万科A股股票，截至2015年12月16日，宝能系合计持股20.008%，持有公司股份数量已超过公司当时的第一大股东华润集团，成为公司第一大股东。

（2）2015年12月，万科董事会发出公告，表示不欢迎宝能集团成为公司第一大股东。

（3）董事会审议与深圳地铁重大资产重组议案，但未提交股东大会审议。2016年6月17日，万科董事会提出并审议与深圳地铁集团关于发行股份购买资产议案，结果是公司11名董事中7票同意，华润提名的3名董事投反对票，独立董事张利平回避表决。本次交易超过公司资产总额的30%，构成重大资产重组，按照公司章程规定，需获得全体董事2/3以上多数通过方为有效。若本次重大资产重组议案获得通过，深圳地铁将通过以资产认购公司股份的行为成为公司第一大股东，持股比例超过宝能集团。

万科公告决议通过，理由是因独立董事张利平回避表决导致本次董事会决议有效表决票为10票，赞成票7票，超过章程规定的2/3。

华润立即发表声明，认为决议未获得有效通过，理由是张利平回避表决理由不当，本次有效表决权为11票，7票赞成票，未超过章程规定的2/3。

（4）2016年6月27日，宝能集团致函公司董事会要求召开临时股东大会，议案是要求罢免包括王石在内的公司第十七届董事会中的10名董事和2名监事，重组公司董事会和监事会。万科董事会未做回应。

（5）宝能继续增持股票，至2016年7月6日，持股比例达到25%，稳居第一大股东地位。恒大集团通过二级市场收购万科 A 股股份，截至 2016 年 11 月 30 日，持股数量为 1.55 亿股左右，比例为 14.07%，成为公司继宝能、华润后的第三大股东。

（6）2016 年 12 月 29 日，万科董事会终止与深圳地铁集团的重大资产重组交易行为。

（7）2017 年 1 月 25 日，华润集团将所持万科 A 股股票以协议方式转让与深圳地铁集团，华润集团退出。

（8）2017 年 7 月 1 日，万科股东大会重新选举第十八届董事会和监事会成员，聘任王石先生担任公司名誉主席，非公司董事、监事或高级管理人员，不参与公司治理。

（9）2017 年 7 月 7 日，恒大将所持万科 A 股 1.55 亿股份以协议方式转让与深圳地铁集团，恒大退出，深圳地铁成为万科控股股东。

（三）万宝之争给市场的思考

（1）对于万科来说，首先，作为国内房地产公司第一股，2015 年 6 月宝能系收购时的 A 股股票价格为 13.28～15.47 元，截至 2018 年 6 月 27 日，收盘价格为 24.22 股，其间股价最高值接近 40 元。所以万科是有被收购的价值的。有一点需要提请大家注意，并不是所有的公司都需要担心被收购的问题，只有有收购价值的公司才会进入收购方的视野。其次，作为 A+H 股上市公司，万科股权结构分散，是一家没有实际控制人的公司，这种情况下承担公司法人治理责任的更多是董事会，令人遗憾的是，万科董事会给出的这份答卷并不尽如人意。

（2）对于以王石为代表的万科原董事会来说，在宝能集团对公司收购事件上应当如何作为，确实备受市场关注。

首先，宝能集团的这次收购是否属于恶意收购，需要由股东做出判断，而不是董事会，这一点，万科董事会一开始就陷入了角色错误。因为，除了以与上市公司达成一致发行股份收购资产的方式成为股东外，其他情形下成为股东并不需要公司董事会同意。

其次，在宝能进入公司股东名册成为第一大股东的情形下，董事会匆匆推出的与深圳地铁的重大资产重组方案决策是否审慎？是否符合公司利益最大化和股东利益最大化原则？

再者，在万科这样股权结构分散的上市公司，董事会是公司治理的主要责任人，因此，董事会做出的决策需要平等对待所有股东。遗憾的是，万科董事会在这个问题上也没有给出满意的答卷，既没有在2016年6月27日董事会审议公司重大资产重组议案中充分尊重异议董事的意见，也没有在宝能成为公司股东后平等对待宝能。

最后，万科董事会是否存在宝能在罢免董事议案中提到的董事会越权、内部控制万科的情形？如是，则公司治理存在重大缺陷。从这个角度讲，上市收购行为也是可以改善公司治理，对公司治理产生积极影响的事件。

（3）对于华润集团来说，依法行使股东权利，本次事件中积极表达了一次声音，即对董事会匆匆推出的与深圳地铁重大资产重组方案说"不"，然后是寻找合适的机会实现投资收益，以财务投资人的身份完美退出，实现了投资目的。

（4）对于宝能集团来说，通过本次事件在资本市场高调亮相，最后完美收官，实现了财务投资人的投资目的。除此之外，宝能集团作为打破万科原有平衡的那条"鲇鱼",依法行使股东权利,积极发出了一次声音,即提出罢免原董事会部分董事的议案。至于宝能本次收购所使用资金的合规性,是行业监管的问题,不在本文讨论范围内。

(5)对于深圳地铁集团来说,作为深圳地方国有企业,从万科上市前的退出到再次控股万科,可以说是表现了不同阶段国有资本的声音。还好,深圳地铁成为万科控股股东的方式是通过协议方式受让其他股东股权而不是以资产认购公司增发的股份。

(6)对于万科的其他中小股东来说,首先看过程,中小股东在事件过程中一直在观望,这种观望不是消极的,是在等待机会,做有利于自己的判断,即如果宝能提出的重新选举董事议案进入程序,相信中小股东是有机会发出自己独立的声音的。最后从结果来看,如果万科的中小股东坚持持股到最后,就能够搭上宝能集团这班便车,获得丰厚的股权收益,或者说搭上了这班车的股东应该没有什么不满意之处。

(7)对于中国证监会和深交所来说,中国证监会、深交所在万宝之争整个事件的发展过程中做出的表态和行为非常适当,尤其是中国证监会没有以行政手段介入本次事件,深交所以出具多次关注函和监管函的方式对包括万科、股东在内的各方行为表达了关注,关注点非常到位,给市场上的思考确定了方向。同时,我们也没有看到香港证监会和联交所介入本次事件中。

这是成熟市场经济中公权力和会员制的交易所应有的表现:公权力的实质是消极的,公权力对商事行为的介入要适度,其介入的前提条件是有违法违规行为发生,否则不能轻易介入。市场经济有自己的规则和解决问题的思路与逻辑,要相信市场的力量,在没有不当干扰的前提下，相信商事主体能够按照市场经济原则就其中的争议制定出符合各方利益的解决方案。本次事件中，各方行为均未触及法律、法规以及交易所规范性文件的边界，所以不需要公权力的介入；另外，从结果上看，万科中小股东基本满意，也没有发生什么群体事件，也没有需要公权力介入的情形。

（8）对于市场来说，上市公司收购是竞争的结果，那么反收购的预防措施要适度。万宝之争上演时，国内许多上市公司纷纷修改章程，增加了五花八门的反收购措施，如恶意收购发生后董事高管如果被提前解除合同要获得高额赔偿的"金降落伞计划"等。如果章程如此修改，未来一旦发生诉讼也可能会因违反了董监高忠实与勤勉尽责的法定义务而被判定无效。最后在交易所的问询下，大多数公司都放弃了自己的章程修改计划。

2018 年 9 月，中国证监会发布的《上市公司治理准则》中也明确表达了反对这种做法，该文第六十一条指出："上市公司章程或相关合同中涉及提前解除董事、监事和高级管理人员任职的补偿条款内容应当符合公平原则，不得侵害上市公司合法权益，不得进行利益输送"。

因此，汇总起来看，我们认为，董事会成员的交错任期制度[2] 以及中国平安公司章程约定的每次改选董事不得超过董事会成员 1/3 等反收购措施是适当的，华为的候补董事制以及董事会主席轮值制也是合理的。类似制度主要价值取向是维护公司董事会与管理层的稳定性，这种管理团队的稳定性显然有利于公司和全体股东的利益。

（四）从一则案例看法院对反收购的态度

以上海兴盛实业发展（集团）有限公司诉王某等多名被告及第三

／律师谈公司治理

人 ST 新梅（600732）证券欺诈责任纠纷案［上海市第一中级人民法院（2015）沪一中民六（商）初字第 66 号］为例。

（1）案件主要事实：2013 年 7 月至 11 月，被告王某等通过其实际控制的多名被告的证券账户持续买卖 ST 新梅（新梅公司）股票。各被告在该账户组合计持有新梅公司股票首次超过 5% 以及在合计持有新梅公司股票达 10.02% 时，均未依法向证监会和证券交易所做出书面报告、通知上市公司并予以公告，也未披露该账户组由被告王某控制或存在一致行动关系。直到 2014 年 6 月 9 日，被告开南公司等才首次通知新梅公司，其已签署《一致行动人协议》，合计持有 ST 新梅 14.23% 的股份。

2015 年 1 月 20 日，宁波证监管局做出《行政处罚决定书》，认为王某作为账户组的实际控制人和信息披露义务人，在账户组合计持有新梅公司股票分别达到 5% 及 10% 时，未根据《证券法》的相关规定履行信息披露义务，其行为违反了《证券法》第八十六条的规定，构成了《证券法》第一百九十三条所述之信息披露违法行为。责令王某改正违法行为，给予警告，并处以 50 万元的罚款。

为此，原告（作为持有新梅公司 11.9% 股份的股东）提起诉讼，请求判令：①自 2013 年 10 月 23 日账户组持有新梅公司股票首次达到 5% 之日起，各被告购买新梅公司股票的交易行为无效；②依法强制各被告抛售 2013 年 10 月 23 日当日及后续购买并持有的新梅公司已发行股票（即超出 5% 部分），所得收益赔偿给新梅公司；③各被告对上述第二项赔偿责任互负连带责任；④各被告在持有新梅公司股票期间，均不得享有股东权利，包括但不限于表决权（提案权和投票权）等各项权利或权能；⑤自行政处罚决定书生效之日起，各被告不得以集合竞价和连续竞价以外的任何方式处分其持有的新梅公司的股票。

（2）法院判决结果：法院一审判决驳回原告全部诉讼请求。后原告提起上诉，上诉过程中双方达成和解，上诉人撤诉。

摘录一审判决书部分内容如下。

本院认为，对于原告主张被告的行为侵害了其对新梅公司的控制权的诉讼主张，该诉讼主张是否成立，关键在于确定原告是否系新梅公司的控股股东，以及原告所主张的控制权及反收购权是否属于依法应予保护的股东权利。……本案中，原告目前虽持有新梅公司股份的比例仅为11.9%，但因新梅公司客观上股权结构较为分散，且该公司在本案诉讼中对原告系其控股股东的事实予以确认，故本院对原告所主张的其系新梅公司控股股东的事实予以确认。对于上市公司控股股东的控制权是否依法应予保护的问题，本院认为，上市公司控股股东的控制权取决于其所持股份表决权的大小。作为公众公司，为促进市场资源配置最优化，其本质特征就在于符合条件的投资者均可依法自由买卖该上市公司的股票，因而上市公司控制权也会因投资主体持股数量的变化而随时发生变更。因此，所谓上市公司控制权也会仅表现为投资者根据其投资比例依法享受的对公司管理事务表决权的大小，并非控股股东依法所享有的股东权利。况且，为防止控股股东滥用控制权，我国《证券法》及《公司法》均规定上市公司控股股东应对公司承担相应的忠实、勤勉的信义义务。因此，上市公司股东的控制权并非法定的股东权利。据此，对于原告该诉讼主张，本院不予采纳。

对于原告主张的被告的违规交易行为侵害了其反收购权的诉讼主张……本院认为，反收购既非法律概念，亦非上市公司控股股东的一项法定权利。结合国内外证券市场的现状，所谓反收购是指在目标公司管理层不同意收购的情况下，其为了防止公司控制权转移而采取的旨在预防或挫败收购者收购目标公司的行为。我国《证券法》、《公司法》以及中国证监会发布的《上市公司收购管理办法》中均未赋予上市公司的控股股东享有反收购的法定权利。相反，为防止目标公司管理层为一己私利而采取不正当的反收购行为，我国《上市公司收购管理办法》第八条对被收购公司管理层采取反收购措施进行了明确规制。该条规定："被收购公司的董事、监事、高级管理人员对公司负有忠实义务和勤勉义务，应当公平对待收购本公司的所有收购人。被收购公司董事会针对收购所作出的决策及采取的措施，应当有利于维护公司及其股东的利益，不得滥用职权对收购设置不适当的障碍，不得利用公司资源向收购人提供任何形式的财务资助，不得损害公司及其股东的合法权益"。因此，任何证券市场主体均不享有原告所主张的所谓法定的反收购权利，而目标公司管理层也只有在为维护公司及广大股东合法利益的前提下才可以采取合法的反收购措施。现原告以新梅公司控股股东的身份提起本案诉讼、主张被告的行为侵犯了其反收购的权利，该主张缺乏法律依据，本院亦不予支持。

六　从香港主板上市规则中的"同股不同权"说起

对于为不断引进外来投资者获得公司发展所需资金等支持的公司来说，控股股东的股权不断被稀释，因此，如何在股权不断被稀释的情况下保持对公司的控股权是多数公司创始人非常困惑的问题。

从法理上讲，对于私公司来说，不仅收益权可以与股权比例不一致，表决权也可以与股权比例不一致，只要全体股东达成一致，法律是不会干涉的。但公众公司需遵守《公司法》关于"同股同权"的法律限制，即同种类别股票拥有同样权利、同次发行的公司股票的股东权利需一致。当然，这并不意味着公众公司在股东权利安排没有任何的意思自治，具体本文前述"公司治理内部法律关系架构"部分已有分析。

实践中大家总觉得诸如表决权代理、表决权委托不能有效解决这个问题，于是更多愿意借鉴美国市场，探讨从 IPO 申请文件上就带着不同投票权的股权架构和特别安排上市这种想法。其实不然。

2018 年 4 月 24 日香港联交所第 119 次修改主板上市规则，专门增加第八 A 章"不同投票权"的内容，顺应了实践中的需求，允许带有不同表决权架构的公司在香港主板申请上市。本次修改自 2018 年 4 月 30 日起生效。这种修改，引起了国内资本市场极大的关注。最近，小米、美团到香港联交所上市就选择了"同股不同权"的做法。

作为同等类别股份的不同权利约定，香港联交所规定了特别的适用条件，如预期公司市值指标、经济利益指标以及股份持有人等特别条件限制，同时对采用"不同投票权"的申请人在公司治理上也做了特别的、具体的规定，提出了更高要求。

大家有兴趣，可以到香港联交所网站上查阅具体信息。

七　独立董事、监事会与中小股东对公众公司法人治理的影响

《公司法》肯定了上市公司治理中聘请独立董事的做法。上市公司治理中规定独立董事人数不少于董事会的 1/3，且需有 1 名为会计专业人士。这样从制度上讲，公众公司就有独立董事和监事会两套对决策层面的制约与监督体系了。与监事会主要对公司董事、高管以及财务进行事后监督相比，独立董事作为董事会成员，更侧重于在董事会决策过程中独立发表意见，尤其是对公司关联交易、高管聘任和薪酬、重大资产处置以及其他重大事项独立发表意见，协助其他董事更好地履行董事会职责。这样两种制度上的监督与制约安排能够对公众公司治理起到积极的作用。虽然说当前独立董事经常被誉为"花瓶""影子董事"，但在公众公司法人治理过程中还是在逐步发挥作用的，这一点从近年来内部分公司独立董事独立积极发声以及大范围的独立董事辞职潮中也可见一斑。

还是那句话，作为制度安排，如果公司无事，这种对董事、高管的权力制约与监督看上去是摆设，没有多大意义；但是，一旦有需要，这种制度上的安排还是可以很好地发挥作用的。

（一）证监会《关于在上市公司建立独立董事制度的指导意见》

为使读者更多地了解独立董事制度，现摘录证监会《关于在上市

公司建立独立董事制度的指导意见》（证监发〔2001〕102号），主要内容如下。

一、上市公司应当建立独立董事制度

……

（二）独立董事对上市公司及全体股东负有诚信与勤勉义务。独立董事应当按照相关法律法规、本指导意见和公司章程的要求，认真履行职责，维护公司整体利益，尤其要关注中小股东的合法权益不受损害。独立董事应当独立履行职责，不受上市公司主要股东、实际控制人或者其他与上市公司存在利害关系的单位或个人的影响。

……

四、独立董事的提名、选举和更换应当依法、规范地进行

（一）上市公司董事会、监事会、单独或者合并持有上市公司已发行股份1%以上的股东可以提出独立董事候选人，并经股东大会选举决定。

……

五、上市公司应当充分发挥独立董事的作用

（一）为了充分发挥独立董事的作用，独立董事除应当具有公司法和其他相关法律、法规赋予董事的职权外，上市公司还应当赋予独立董事以下特别职权：

1. 重大关联交易（指上市公司拟与关联人达成的总额高于300万元或高于上市公司最近经审计净资产值的5%的关联交易）应由

独立董事认可后，提交董事会讨论；

独立董事作出判断前，可以聘请中介机构出具独立财务顾问报告，作为其判断的依据。

2. 向董事会提议聘用或解聘会计师事务所；

3. 向董事会提请召开临时股东大会；

4. 提议召开董事会会议；

5. 独立聘请外部审计机构和咨询机构；

6. 可以在股东大会召开前公开向股东征集投票权。

（二）独立董事行使上述职权应当取得全体独立董事的二分之一以上同意。

（三）如上述提议未被采纳或上述职权不能正常行使，上市公司应将有关情况予以披露。

（四）如果上市公司董事会下设薪酬、审计、提名等委员会的，独立董事应当在委员会成员中占有二分之一以上的比例。

六、独立董事应当对上市公司重大事项发表独立意见

（一）独立董事除履行上述职责外，还应当对以下事项向董事会或股东大会发表独立意见：

1. 提名、任免董事；

2. 聘任或解聘高级管理人员；

3. 公司董事、高级管理人员的薪酬；

4. 上市公司的股东、实际控制人及其关联企业对上市公司现有或新发生的总额高于300万元或高于上市公司最近经审计净资产值的5%的借款或其他资金往来，以及公司是否采取有效措施回收

欠款；

5. 独立董事认为可能损害中小股东权益的事项；

6. 公司章程规定的其他事项。

（二）独立董事应当就上述事项发表以下几类意见之一：同意；保留意见及其理由；反对意见及其理由；无法发表意见及其障碍。

（三）如有关事项属于需要披露的事项，上市公司应当将独立董事的意见予以公告，独立董事出现意见分歧无法达成一致时，董事会应将各独立董事的意见分别披露。

（四）独立董事聘请中介机构的费用及其他行使职权时所需的费用由上市公司承担。

（五）上市公司应当给予独立董事适当的津贴。津贴的标准应当由董事会制订预案，股东大会审议通过，并在公司年报中进行披露。

除上述津贴外，独立董事不应从该上市公司及其主要股东或有利害关系的机构和人员取得额外的、未予披露的其他利益。

（六）上市公司可以建立必要的独立董事责任保险制度，以降低独立董事正常履行职责可能引致的风险。

(二)《公司法》规定的监事会/监事的职权

《公司法》第五十三条规定如下。

监事会、不设监事会的公司的监事行使下列职权：

（1）检查公司财务；

／律师谈公司治理

（2）对董事、高级管理人员执行公司职务的行为进行监督，对违反法律、行政法规、公司章程或者股东会决议的董事、高级管理人员提出罢免的建议；

（3）当董事、高级管理人员的行为损害公司的利益时，要求董事、高级管理人员予以纠正；

（4）提议召开临时股东会会议，在董事会不履行本法规定的召集和主持股东会会议职责时召集和主持股东会会议；

（5）向股东会会议提出提案；

（6）依照本法第一百五十一条的规定，对董事、高级管理人员提起诉讼；

（7）公司章程规定的其他职权。

（三）中小股东（持股5%以下）对公众公司法人治理的影响

中小股东通过购买上市公司股票成为公司股东，由于证券市场具有高度流动性，因此，所持股票随时可以出售。可见，中小股东对公众公司法人治理的影响主要通过买卖股票两个行为实现，买进是对公司法人治理和未来收益认可的表现，卖出则是用脚投票，所以，当大量的中小股东集体出售公司股票时，便会很大程度上影响公司股票的价格。

除此之外，中小股东还可以通过提出股东大会议案、自行召集召开股东大会、行使累积表决权以及股东代表诉讼、请求解散公司（联合其他股东）的方式积极介入公司法人治理。

信息化时代，在日益成熟的证券市场上，中小股东还是能够对公众公司治理发挥积极作用的；作为公众公司，也确实要重视中小股东，平等对待所有股东。

八　如何让证券市场的"看门人"在公司治理中更好地发挥作用

证券市场上的"看门人"主要包括投资银行、会计师、证券律师、证券分析师，以及评级机构等专业中介机构。"看门人"理论是指上述从业者或证券市场中介机构在证券市场上以自己的专业知识和声誉为担保，向投资者提供专业意见，这种专业意见能够获得证券市场投资者的信赖，于是，通过专业机构这扇大门，私公司可以成为公众公司，投资者有理由信赖中介机构的意见，结合公众公司披露的业务、财务、技术、客户等信息，做出买卖股票或债券的判断和行为，使公众公司股票或债券得以在证券市场上公开交易。同理，这扇"大门"也能够将不具备条件的私公司阻止在证券市场之外，使其无法进入证券市场，其股票或债券就无法在公开的市场上交易。所以，对于证券市场的健康发展，"看门人"发挥着非常重要的作用。

如何让"看门人"发挥好看门的作用，取决于成熟的市场经济环境，即成熟的市场经济规则和证券市场规则、成熟的市场经济主体和成熟的中介机构。投资者是不需要设定条件的，因为，无论是自然人还是机构投资者，作为花自己的钱获得收益或承担损失的投资者，他们显然比任何人都清楚如何在证券市场上作为，大家没有必要为其操心。

汇总起来讲，成熟的市场经济需要上述条件的同时成就，目前证券市场各种违法违规行为以及黑天鹅事件、信息披露违法、内幕交易等都不是单一行为的结果，而是规则、市场经济主体和中介机构三方共同作用的结果。

（一）什么是成熟的市场经济规则和证券市场规则

成熟的市场经济规则和证券市场规则应当具备如下条件：公开透明、市场化、稳定性。

对于 IPO 来讲，所谓公开透明，如发行条件、发行程序、交易规则以及违反规定的后果是确定且清晰的，任何人通过公开的文件可以清楚地预知自己行为的后果，包括可能承担的法律责任，而不需要去猜测、揣摩。

市场化至少可以表现在两个方面。一是交易规则的设定要相对公平合理，从法律关系角度讲，这种公平合理即证券市场各方参与者的权利、义务配置需要合理：包括监管部门对公众公司和中介机构的行政监督与管理，交易所对公司的会员管理关系，公司与中介机构的委托关系，公司和中介机构对公众投资者的诚信义务以及中介机构之间的分工与协作关系。从规则角度看，目前 IPO 案件中证监会要求中介机构对证券违法行为承担连带法律责任的权利、义务配置显然是不合理的，最近正在进行的几起诉讼也受到社会极大关注。二是定价机制要市场化，如当前对 IPO 项目发行的 23 倍市盈率显然不符合市场化的原则，从价值发现的角度讲，发行价格有高有低，甚至出现破发才更符合市场经济规律。目前上市公司重大资产重组中频频出现的高估值、高商誉、股票价格攀升以及因为标的公司业绩没有实现带来的巨额商誉减值、诉讼和股价断崖式下跌都不是市场化的表现方式。三是规则统一，这个问题对于当前市场上的债券发行与交易行为是非常严重的，所谓政出多方，必然导致债券市场的混乱。

稳定性即交易结果的稳定性，信息时代，证券市场的成交量可以用秒来计量。所以，交易结果的稳定性非常重要，这种交易结果不仅仅是投资者的买入和卖出，私公司通过申请进入证券市场也是一种交易结果。交易结果的稳定性是由交易规则的确定性来保证的。证券规则朝令夕改显然无法让市场经济主体获得对交易结果的预期。于是，市场化就会出现大量的短期行为，而不是基于中长期规划和战略布局进行的长期行为。

（二）成熟的市场经济主体需要具备什么条件

公司是主要的市场经济主体，从成熟的证券市场角度讲，市场经济主体的成熟非常重要，至少应当具备如下条件：学习规则、尊重规则、尊重中介机构、讲信用。

（三）成熟的中介机构具备哪些特征

用一句话来概括：就是珍爱自己的"羽毛"，珍爱自己在证券市场上的声誉。只有这样，中介机构才会守住证券市场的大门，才会日常加强专业知识学习、强化风险意识、认真做好对公司的上市培育和辅导工作以及上市后的持续督导工作，对证券违法违规行为说"不"，引导公司做好法人治理，在资本市场平台上做好资源整合与并购，使公司真正能够通过资本市场的平台走得更远。作为专业机构，用知识分子的良知守住社会最后一道防线。

（四）再谈注册制

证券市场的推出是市场经济发展到一定程度的必然结果，也是市场经济的创新。因此，其实质是商事行为，但由于涉及巨大利益以及众多投资者的利益，一旦滥用将会导致严重的法律后果，所以，需要公权力的介入。但公司股票是否可以在公开证券市场上发行以及如何定价这些都属于市场经济行为，需要由市场经济主体自行决定。所以，从市场经济本身规律讲，这种公权力的介入应当是事先提供明确的规则、事后对违法违规行为给予严厉处罚。这种事前、事后结合起来，是建立证券市场信用机制的有力保障。

为此，全国人大常委会于 2015 年 12 月 27 日通过《全国人民代表大会关于授权国务院在实施股票发行注册制改革中调整适用〈中华人民共和国证券法〉有关问题的决定》，授权国务院对拟在上海证券交易所、深圳证券交易所上市交易的公开发行，调整适用《证券法》关于股票公开发行核准制度的有关规定，实行注册制度。实施期限为二年，至 2018 年 2 月 28 日到期。

在此之前的 2013 年 1 月 16 日，全国股转系统公司（新三板）成立并正式运营，符合条件的境内公司可以在新三板市场上定向发行股份并公开进行交易，进行股权融资和债权融资、公司重组等，发行方式为注册制，实行主办券商推荐的方式进行。新三板的成立和运营，为股票发行注册制进行了有意义的探索。新三板成立和运营五年多时间里，虽然目前还存在交易不活跃以及部分企业摘牌的情形，但总体上看，对中小企业起到了一定的支持作用，新三板这一资本市场平台，给了中小企业发展的机会。由于新三板实施注册制和对投资者门槛的要求（新三板要求的合格投资者必须是具备一定资产规模和条件的机构投资者或个人），因此，这些年来，新三板市场上没有发生大规模的恶性违法违规行为。

对于公众公司法人治理来说，股票发行制度是基础，对于公众公司法人治理水平具有重要影响。这种影响不仅仅表现在信息披露上，更多表现为公司对于公众公司权利义务的理解与自觉遵守、对于公司法人治理制度建设与实施的理解与运用、控股股东对于控股权行使的边界、公众公司董监高对于自己行为边界的理解与正确运用。

2018 年 2 月 24 日，全国人大常委会决定：2015 年 12 月 27 日十二届全国人大常委会授权国务院在实施股票发行注册制改革中调整适用《中华人民共和国证券法》有关规定的决定施行期限届满后，期限延长二年至 2020 年 2 月 29 日。

我们期待着注册制能够如期推出，并能够在中国资本市场上发挥重要的作用。

（五）"看门人"敢于对违法违规行为说"不"

我们很高兴地看到，目前越来越多的中介机构能够跟上市公司说"不"，在担当证券市场"看门人"职责上做得越来越好，越来越多的券商、律师和会计师在 IPO 项目选择上说"不"。最近两年来摘牌的新三板挂牌公司有一部分是因为会计师无法出具审计报告。股转公司 2018 年 4 月 27 日发布统计数据："截至 2018 年 4 月 27 日，共计 11371 家公司须披露 2017 年年度报告，除已完成披露及已提交终止挂牌申请的公司外，尚有 460 家公司未能按期披露年度报告。"

2018 年 8 月 29 日，中国证监会发布了《2017 年上市公司非标准意见审议报告情况分析》（非标准意见审计报告是指注册会计师对财务报表出具的非无保留意见或带有解释性说明的无保留意见的审计报告）。

摘录部分内容如下。

一、非标报告的基本情况

截至 2018 年 6 月 30 日，除 *ST 康达和 *ST 毅达外，3510 家上市公司披露了审计报告。从审计意见类型看，3510 份审计报告中非标报告为 130 份，占比 3.7%。非标报告数量较 2016 年增加 24 份，占比略有提升（2016 年 3050 家上市公司中非标报告为 106 份，占比为 3.5%）。

非标报告中，保留意见（37 份）和无法表示意见（21 份）的报告共 58 份，较上年增加 27 份，增幅为 87.1%，显著高于上市公司总数 15.1% 的增长率；带解释性说明段的无保留意见（指对财务报表发表带有强调事项段、持续经营重大不确定性段落或者其他信息段落中包含其他信息未更正重大错报说明的无保留意见）报告数量为 72 份，较上年减少 3 份；仍然没有否定意见的审计报告。

二、上市公司与非标报告

1. 连续三年被出具非标报告

在 130 家被出具非标报告的上市公司中，39 家公司连续三年被出具了非标意见，其中 *ST 烯碳和 *ST 吉恩已于 2018 年 7 月退市，25 家公司连续三年被出具了带解释性说明的无保留意见；2 家公司连续三年被出具了保留意见；其余 10 家上市公司中，5 家公司非标意见类型有所加重，3 家公司非标意见类型有所减轻。

2. 首次被出具非标报告

在 130 家被出具非标报告的上市公司中，61 家公司近三年内首次被出具非标意见，占非标报告总数的 47%。其中，24 家公司被出具了带解释性说明的无保留意见，24 家公司被出具了保留意见，13 家公司被出具了无法表示意见。

3. ST 公司与非标报告

2017 年，48 家 ST 公司被出具非标报告，占非标报告总数的 37%。其中，25 家 ST 公司被出具带解释性说明段的无保留意见、7 家被出具保留意见、16 家被出具无法表示意见，分别占各意见类型非标报告的 35%、19% 和 76%。

三、非标报告审计意见的内容分析

从审计意见内容看，导致非标报告审计意见的主要事项（以下简称非标事项）包括持续经营能力、诉讼事项、立案调查结果存在重大不确定性，无法取得充分、适当的审计证据确认资产、负债的真实完整性等。由于部分非标报告中包括多个非标事项，2017 年审计报告中非标事项共 256 项，较 2016 年增加 85 项，增幅 49.7%。特别是保留意见和无法表示意见的审计报告中非标事项增幅近一倍，显著高于上年。

（一）与持续经营相关的重大不确定事项段

在 130 份非标报告中，48 家上市公司被出具了带与持续经营相关的重大不确定性事项段的审计报告，其中 38 家被出具了无保留意见、8 家被出具了保留意见、2 家被出具了无法表示意见。审计报告中披露的导致持续经营能力存在重大不确定性的原因主要包括：公司生产停顿，经营资金匮乏；公司盈利较差，盈利主要来自非经常性损益、巨额亏损；后续经营情况存在重大不确定性等。另有13家公司由于持续经营编报基础、持续经营能力重大不确定性披露等事项被出具保留意见或无法表示意见，详见"（三）保留事项""（四）导致无法表示意见的事项"相关内容。

（二）强调事项

在130份非标报告中，50家上市公司被出具了带强调事项的审计报告，其中，40家被出具了无保留意见、9家被出具了保留意见、1家被出具了无法表示意见。强调事项内容主要包括诉讼、立案调查结果、影响未来经营的重大事项及其他事项存在重大不确定性。

1. 诉讼事项、立案调查结果存在重大不确定性

22家公司因诉讼事项或立案调查结果存在重大不确定性而被出具了带强调事项段的审计报告，其中，16家被出具了带强调事项的无保留意见、6家被出具了带强调事项的保留意见；15家公司因被我会立案调查，其结果存在重大不确定性而被出具带强调事项的审计报告；7家公司因诉讼判决结果具有重大不确定性被出具了带强调事项的审计报告。

2. 重大事项结果存在不确定性

5家上市公司由于公司重组事宜、项目开发情况存在重大不确定性等被出具了带强调事项的审计报告。如个别上市公司正筹备资产重组，主营业务将由房地产业务转为铝加工业务，重组事宜存在重大不确定性。再如，个别上市公司全资子公司在建动力车间项目

受政策影响处于停建状态，未来能否恢复重建将对公司经营成果及财务状况产生重大影响。

3. 其他事项

2017 年，23 家上市公司由于其他事项而被出具了带强调事项的审计报告，其他事项主要包括：一是重大期后股权转让；二是重大资产重组标的资产业绩未达到预期；三是重要合同变更。

（三）保留事项

2017 年，37 家上市公司被出具了保留意见的审计报告，涉及 65 项保留事项（2016 年为 34 项），其中 49 项与注册会计师无法获取充分、适当的审计证据以确定其对财务报表的影响相关，8 项与诉讼事项和立案调查结果存在重大不确定性相关，其余 8 项为其他原因。

1. 无法获取充分、适当的审计证据

此类非标事项主要包括：一是无法对应收款项、固定资产、商誉等资产的减值准备合理性获取充分、适当的审计证据；二是无法对预付账款的真实性获取充分、适当的审计证据；三是无法就关联方及关联交易的完整性获取充分适当的审计证据；四是无法就对外担保及其对财务报表可能产生的影响获取充分适当的审计证据。

2. 诉讼事项或立案调查结果存在重大不确定性

8 家上市公司因诉讼、立案调查结果存在重大不确定性被出具保留意见，诉讼事项主要包括：一是上市公司为债务违约的关联方或其他单位承担连带担保责任而被起诉；二是上市公司因证券虚假陈述被投资者起诉；三是上市公司与少数股东存在纠纷股权。立案调查事项主要包括因涉嫌信息披露违法违规、涉嫌操纵期货市场等被立案调查。上述事项的严重程度均高于一般强调事项中诉讼事项和立案调查结果带来的重大不确定性。

3. 其他事项

其他事项具体包括：一是财务报告未对持续经营能力产生重大疑虑的重大不确定性作出充分披露；二是无法对期初余额的适当性作出准确判断；三是未将相关公司纳入合并范围对财务报表产生重大影响。

（四）导致无法表示意见的事项

2017 年，21 家上市公司被出具了无法表示意见的审计报告，其中 17 家为 ST 公司。导致无法表示意见的非标事项为 84 项（2016 年为 34 项），主要包括：一是无法获取充分、适当的审计证据以判断应收款项、存货、商誉等资产减值准备的合理性；二是难以确定以持续经营假设为基础编制报表的合理性；三是无法实施满意的审计程序识别关联方和关联交易、计提预计负债的完整性等。

三、非标报告的特点和存在的问题

非标报告意见及内容，既可以反映上市公司财务信息质量及信息披露情况，也可以在一定程度上体现审计机构的执业质量，历来都受到财务报表使用者的重点关注。我们对 130 份非标报告的特点和存在的问题进行了分析。

（一）非标报告的特点

一是行业特征明显。制造业非标报告占比最高，达到 58%，信息传输、软件和信息技术服务业占比位居第二，达到 8%。金融业、文化、体育和娱乐业、交通运输、仓储和邮政业和建筑业等国资比重较高的行业非标报告占比在5%以下，卫生和社会工作、教育等行业没有非标报告。

二是制造型企业持续经营问题突出。2017年制造业上市公司中被出具非标意见的数量为75家，其中因持续经营相关事项被出具非标意见的为41家，占比过半。随着供给侧结构性改革的深入，中国制造业企业进一步分化。受到竞争激烈、需求低迷、发展缓慢等影响，部分中低端市场的制造业企业在转型和破产的两难中挣扎，或生产停顿，或经营资金匮乏，持续经营存在重大不确定性。例如个别主营光伏设备的上市公司存在大量长期不良资产，本年未连续生产，持续经营受到重大影响。

三是未按期披露审计报告的上市公司明显增多。2017年，9家上市公司未按期披露审计报告，2016年仅有1家。从上市公司披露的原因看，主要包括：一是控制权争夺或关键股东存在意见分歧，导致公司无法通过聘请审计机构议案，或者聘任审计机构过晚、后者无法按期完成年报审计工作；二是公司内部治理失序，管理层内部或管理层与董事、监事存在矛盾，导致年报未通过董事会决议；三是公司现实情况复杂、涉及审计程序复杂、审计工作量大，审计机构无法按期出具审计报告。未按期披露审计报告的种种原因反映出上市公司治理结构存在缺陷、风险管理流于形式、高级管理人员未能勤勉尽责等问题，目前上述9家公司均被我会立案调查。

四是上市公司未能就重要审计项目向审计机构提供充分、适当的审计证据的情形明显增多。2017年非标审计报告中与无法获取充分、适当的审计证据相关的非标事项增长显著。上市公司未能就重要审计项目向审计机构提供充分适当的审计证据，审计机构无法就现有证据作出明确判断是导致出具非标意见的主要原因。

五是财务信息透明度及有用性有所提高。2018年1月1日起新审计报告准则在资本市场全面实施。新准则优化了报告要素的排列顺序，增加了关键审计事项，强化了对持续经营的审计投入和说明。本年非标报告中，多数审计机构能够按照新准则要求出具报告，财务信息透明度及有用性有所提高。审计报告对具体的非标事项、审计师执行的工作、发表意见的判断过程等进行详细说明，可有效帮助投资者获取关键财务信息，并作出价值判断。

九　公众公司法人治理未来发展趋势

证券市场是市场经济发展到一定阶段相对成熟的结果，即交易行为从此前一对一的单一交易模式发展到多对多的集合竞价交易模式，大量交易可以迅速完成，从而可以更有效地进行市场资源的有效配置。

与此同时，利用公众公司交易平台从事违法、违规行为的事件时有发生，从中获取的非法利益也是巨大的，给证券市场造成的后果也是可怕的。从根源上来讲，这种行为属于人性的原因，自证券市场设立以来，这种违法违规行为从来都没有停止过。美国2000年由安达信会计师事务所审计丑闻引发的证券市场危机便是例证，也就是说即使在市场经济发达的西方国家，仍然不能完全避免如此严重的证券违法行为发生。互联网时代，这个问题变得尤为复杂。所以，应一方面提高对公众公司法人治理的要求，加大对违法违规行为的处罚力度，另一方面强化公众公司以及中介机构各方的信息披露责任。这是世界各国对证券市场进行管理的思路，也是未来公众公司法人治理的发展趋势。

（一）国内证券市场最近开出的关于公司治理的大罚单：以匹凸匹为例

2017 年 5 月 12 日，中国证监会就 ST 岩石（600696，原名匹凸匹、多伦实业）名称与经营范围变更及相关信息披露违法违规行为做出了三份行政处罚［（2017）第 51 号、52 号和 53 号］，分别对公司罚款 60 万元，对董事长个人给予警告并处以 90 万元罚款。

1. 主要事实

匹凸匹原名为上海多伦实业股份有限公司，经营范围为"生产与销售高级挂釉石质墙地砖、马赛克及其原材料、窑业机械设备、其他机械设备，房地产开发与经营，国内采购的金属材料、建筑材料、化工产品（危险品除外）、机电设备、五金交电的批发（特定商品的批发除外），农业种植及其产品、水产畜牧养殖及其产品（种畜禽生产经营除外）、林业营造及其产品的生产（国家禁止、限制外商投资的产业除外）及政府批准之其他各项业务"。

在未经匹凸匹董事会讨论决策的情况下，匹凸匹实际控制人、董事长启动匹凸匹名称变更程序。2015 年 4 月 9 日，公司向上海市工商行政管理局提出变更公司名称的申请，变更后的企业名称为匹凸匹金融信息服务（上海）股份有限公司。行业为金融信息服务，具体为"互联网金融信息服务（金融许可业务除外）；金融软件研发和维护；互联网信息技术开发及服务；以自有资产进行互联网产业的投资和管理；经济信息咨询、企业管理、企业管理咨询、财务咨询（不含国家专项规定）；接受金融机构委托从事金融外包、网上贸易代理（不含国家专项规定）；提供金融中介服务"。

2015年4月17日，公司领取本次变更的工商局核发的名称预先核准通知书。

但在4月17日，公司领取《企业名称变更预先核准通知书》后，未立即召开董事会对相关事宜进行讨论、决策，也未依照法律及时披露公司名称变更、经营范围变化的重大事件。直至5月7日，公司举行董事会第10次会议，对公司名称变更、公司经营范围变化等事项进行决策。

2015年5月11日，公司发布多份公告，披露公司名称发生变更、经营范围发生变化。

2. 证监会行政处罚认定

摘录证监会行政处罚中认定的主要违法违规行为如下。

（1）第51号行政处罚：公司信息披露违法、实际控制人和董事长是主要责任人和违法违规行为指使人。

根据法律及《上市公司信息披露管理办法》的规定，"公司名称变更及经营范围变化属于重大事件，公司应及时履行重大事件的信息披露义务。匹凸匹未及时披露公司名称变更及经营范围变化的行为，违反了《证券法》第六十三条、第六十七条的有关规定，构成《证券法》第一百九十三条所述"发行人、上市公司或者其他信息披露义务人未按照规定披露信息，或者披露的信息有虚假记载、误导性陈述或者重大遗漏"的行为。

公司董事长是匹凸匹信息披露工作的直接领导者，对匹凸匹未按规定披露信息负有直接责任，是对匹凸匹违法行为直接负责的主管人员。公司实际控制人，未经公司董事会决议，启动公司名称变更及经营范围变化的相关事宜。在公司更名及经营范围变化的信息初步形成时，隐瞒相关信息，未及时告知上市公司。依据《信息披露违法行为行政责任认定规则》（证监会公告〔2011〕11 号）第十八条第二款"实际控制人隐瞒应当披露的信息或者不告知应当披露的信息，应当认定为指使"的规定，该实际控制人已构成《证券法》第一百九十三条第三款所述"发行人、上市公司或者其他信息披露义务人的控股股东、实际控制人指使从事前两款违法行为"的行为。

（2）第 52 号行政处罚：公司信息披露误导公众，构成误导性陈述，公司实际控制人和董事长是直接责任人和指使人。

匹凸匹公司名称的变更，与公司主营业务、经营特点无任何关联，误导投资者对公司情况的认知。企业名称作为公众认知企业的第一印象，对公众了解企业特征，判断企业价值有着重要作用。因此，《企业名称登记管理规定》第十一条、《企业名称登记管理实施办法》第十六条等规定均要求企业名称必须与企业经营范围保持一致，以防止企业名称对公众造成误导。匹凸匹在无任何金融服务业务的情况下，一方面，在相关公告中如实陈述了匹凸匹尚无金融服务业务的实际情况，规避法律红线；但另一方面，又利用社会公众，特别是中小投资者对公司名称的高度关注，违背公司命名的相关规定，在变更后的公司全称中不仅使用了"金融信息服务"的字样，还使用了与热门概念"P2P"发音高度接近的"匹凸匹"字样，误导投资者对公司现有经营范围、主要经营业务产生错误认知。

匹凸匹所发布的更名系列公告，误导投资者对公司发展方向、公司价值的认知。上市公司的名称变更及经营范围的变化，作为影响众多投资者切身利益的重大事件，应经董事会、管理层审慎评估，进而向投资者披露。但匹凸匹及其董事会、管理层未评估转型可行性、未做任何实质性准备，在不具有稳定政策环境、资金储备、人才储备、经营基础的情况下，即在公司转型发展金融服务行业存在高度不确定性的情况下，通过变更公司名称、经营宗旨、经营范围，以"立志于做中国首家互联网金融上市公司""致力于打造国际一流的互联网金融企业，使企业取得稳步而快速的发展，为社会的繁荣和人类的进步尽企业应尽的责任"等煽动性语言向投资者传达了确定的转型意图。以"通过本次授权，可以使公司在互联网金融行业处于领先的竞争优势。该特别授权对公司的转型是具有突破性意义的，必将给公司带来深远影响"的表述夸大了匹凸匹获得"www.p2p.com"网站域名授权对发展金融服务业务的影响。

事实上，匹凸匹发布相关公告后并未表现出任何发展金融服务业务的意图。匹凸匹未增加金融服务业务领域的人力资源投入，未购入与金融服务业务相关资产，未实际运营任何金融服务业务，未产生任何与金融服务业务相关的收入与利润。公司实际控制人、董事长，作为公司更名、经营范围变化的实际决策者，在策划、发布相关信息后6个月左右的时间内，即开始着手寻求出售匹凸匹股份。域名为www.p2p.com的网站无任何实际经营业务，且控股股东仅授权匹凸匹在1年内免费使用该网站域名，后续的授权情况存在高度不确定性。匹凸匹在转型发展金融服务业务存在高度不确定性、无任何转型发展基础、无真实发展意图的情况下，向投资者传递出确定性的转型发展金融服务行业的信息，在互联网金融为当时证券市场炒作热点的背景下，足以误导投资者对公司前景、公司价值产生错误认知。

匹凸匹在信息披露中，利用社会公众，特别是中小投资者对公司名称变更、经营范围变化等重大事件的关注，利用公众对上市公司信息披露真实性、准确性、完整性的信任，通过发布更名系列公告，误导投资者认为公司所从事业务与金融服务业相关，误导投资者相信公司将转型发展金融服务业务，误导投资者对公司前景、公司价值的判断。同时，在公司发布相关公告之后的多个交易日内，公司实际控制人和董事长进一步通过虚假申报等多种手段，制造投资者积极买入匹凸匹股票、市场对公司转型普遍乐观的假象，进一步造成对投资者的误导。匹凸匹的误导性陈述对投资者判断、公司股票价格产生了显著影响。

匹凸匹发布更名系列公告后的10个交易日内，"匹凸匹"股价连续涨停。从前一交易日收盘价10.96元到10个交易日后最高

／律师谈公司治理

价 25.51 元，上涨幅度为 132.76%，显著偏离上证指数同期 22.02% 的涨幅。

匹凸匹的上述行为，违反了《证券法》第六十三条的有关规定，构成《证券法》第一百九十三条第一款所述违法行为。匹凸匹董事长，是匹凸匹信息披露工作的直接领导者，对误导性陈述负有直接责任，是对匹凸匹违法行为直接负责的主管人员。

匹凸匹实际控制人，在未经公司董事会批准的情况下，擅自启动公司名称及经营范围的变更程序，指使、组织匹凸匹发布系列公告误导投资者，其行为已构成《证券法》第一百九十三条第三款所述"发行人、上市公司或者其他信息披露义务人的控股股东、实际控制人指使从事前两款违法行为"的行为。

(3) 第 53 号行政处罚：公司未及时披露实际控制人变更协议未能生效的行为，公司实际控制人和董事长是直接责任人和指使人。

2014 年 11 月 7 日，匹凸匹停牌并发布《关于拟变更实际控制人重大事项停牌的公告》，称"本公司实际控制人正在讨论、筹划涉及本公司控制权变动的重大事项"。11 月 13 日，匹凸匹发布《上海多伦实业股份有限公司复牌提示性公告》《上海多伦实业股份有限公司关于 Hilltop Global Group Limited、On Ever Group Limited 签署股权转让协议及公司拟变更实际控制人的提示性公告》。11 月 15 日，公司实际控制人、殷某分别披露简式权益变动表、详式权益变动表。根据相关公告，2014 年 11 月 12 日，匹凸匹实际控制人分别持股 100% 的 Hilltop Global Group Limited 和 On Ever Group Limited 已经与殷某达成股权转让协议。Hilltop Global Group Limited 和 On Ever Group Limited 拟将两家公司分别持有的多伦投资（香港）有限公司 51%、49% 的股权转让给殷某，即将两家公司间接持有的匹凸匹 5.87% 股权转让给殷某。如协议成立、生效并履行完毕，殷某将成为公司新的实际控制人。

至 2014 年 12 月 16 日，殷某未支付首期转让款，根据《股权转让协议》约定，该合同自动永久失效。

公司实际控制人变更的事项构成《证券法》第六十七条第（八）项所述"持有公司百分之五以上股份的股东或者实际控制人，其持有股份或者控制公司的情况发生较大变化"的重大事件。在该重大事件出现较大变化的情形时，根据《证券法》第六十三条、第六十七条及《上市公司信息披露管理办法》第三十一条第（三）项、第三十二条的规定，匹凸匹应不晚于 2014 年 12 月 17 日披露《股权转让协议》失效的相关情况。但直至 2015 年 3 月 18 日，经上海证券交易所发函催告，匹凸匹才发布《上海多伦实业股份有限公司关于收到上海证券交易所函件暨实际控制人变更协议未能生效的公告》。

……

我会认为，匹凸匹未及时披露实际控制人变更协议未能生效的行为，违反了《证券法》第六十三条、第六十七条及《上市公司信息披露管理办法》第三十一条第（三）项、第三十二条的有关规定，构成《证券法》第一百九十三条所述"发行人、上市公司或者其他信息披露义务人未按照规定披露信息，或者披露的信息有

／律师谈公司治理

虚假记载、误导性陈述或者重大遗漏"的行为。公司董事长是上市公司信息披露工作的直接领导者，对匹凸匹未按规定披露信息负有直接责任，是匹凸匹违法行为的直接负责的主管人员。

匹凸匹实际控制人未及时向匹凸匹告知实际控制人变更协议未能生效的信息，依据《信息披露违法行为行政责任认定规则》（证监会公告〔2011〕11号）第十八条第二款"实际控制人隐瞒应当披露的信息或者不告知应当披露的信息，应当认定为指使"的规定，公司董事长和实际控制人已构成《证券法》第一百九十三条第三款所述"发行人、上市公司或者其他信息披露义务人的控股股东、实际控制人指使从事前两款违法行为"的行为。

（二）从美国《萨班斯-奥克斯利法案》说起

对于公众公司来讲，全球范围内对公司法人治理的关注无一不是基于大规模违约事件的发生。如2000年发生的股市泡沫导致安然公司（全球最大的能源公司之一）、世通公司（美国通信公司巨人）倒闭以及安达信会计师事务所（为安然提供审计服务的会计师事务所，当时的全球五大会计师事务所之一）轰然倒塌系列事件，证券市场投资者信心受到严重打击，使得"二战"之后全球范围内宽松的政府管制成为历史，各国政府纷纷加大了对公众公司及证券市场参与者包括中介机构的监管和处罚措施。2002年，美国国会高票通过了《萨班斯-奥克斯利法案》。该法案主要针对公众持股公司治理问题，这是自1934年《证券交易法》以来通过联邦立法来解决公司治理问题涉及面最广的法案。

其中为解决审计师失职问题，《萨班斯-奥克斯利法案》增加了如下规定，旨在提高审计师的独立性，进而使他们能够提供质量更高的公开报告。

（1）为解决会计师失职问题，根据《萨班斯-奥克斯利法案》，有关部门创立了公众持股公司跨级监管委员会（简称PCAOB），制定并执行对公众公司的会计记录进行审计的标准和规定。

（2）法案要求所有公众持股公司审计师必须在PCAOB注册。

（3）为了避免出现以审计为特价产品（low-leader）来换取咨询和其他收益更高的服务，《萨班斯-奥克斯利法案》还禁止注册会计师事务所在向客户提供审计服务的同时提供包括制度设计、内部审计、投资银行业和法律服务在内的部分服务。

（4）未来提高审计师的独立性，主要审计合伙人对任一客户的持续服务事件不得超过5年，5年以后该合伙人必须将业务让渡给其他合伙人，再由其他合伙人提供今后5年的服务。

（5）如新的审计公司接手，则要求公司中任何一个负有"财务报告监管职责"的人，如CEO、CFO、出纳员、查账员等，均不得在此之前一年内曾被该审计公司雇用或者参与过其中的审计工作。[3]

（三）信息披露的要求："或遵守或解释"

从当前看，未来从规则层面对公众公司的监管应当是愈加严厉，即严格的信息披露规则和严重的法律后果。公众公司应当无例外地遵守这些规则，否则将承受对其不利的法律后果，这是首要原则。当然，允许例外，这种例外就需要解释，获得证券管理部门和交易所的认可，如当前对于涉及商业秘密的技术信息的披露、部分敏感客户信息的披露，上市公司申请后只要符合商业逻辑，是可以获得豁免的。

注　释

1. "与独立董事的监督与机构投资者的干预相比，敌意收购的威胁更能有效地推动业绩较差的公司进行改革"——伯纳德·S. 布莱克（美国斯坦福大学法学院法学教授）：《美国股东积极主义与公司治理》，载于〔美〕弗兰克·H. 伊斯特布鲁克等著《公司法的逻辑》，黄辉编译，法律出版社，2016，第379页。

2. 《美国标准商事公司法》（2006年修订版）第8.06节规定"公司章程可以将全体董事划分为两组或者三组以规定它们的交错任期。每组人数尽可能少于总人数的一半或者三分之一。在此情况下，第一组董事的任期在其被选入之后的第一届股东年会时终止，第二组董事的任期在其选举之后的第二届股东年会时终止，第三组董事（如果有的话）的任期则在其选举之后的第三届股东年会时终止。此后举行的每届股东年会上选举的董事任期须为一年或者两年或者三年，按照交错情况分别接替任期终止的董事"（见沈四宝编译《最新美国标准公司法》，法律出版社出版，2006，第92页）。

3. 〔美〕M. J. 爱泼斯坦（M. J. Epstein）、K. O. 汉森（K. O. Hanson）主编《公司治理》，聂细忠、张悦等译，北京大学出版社，第75页。

关于家族企业

从家族企业的创立和发展过程来看，或夫妻，或兄弟姐妹，或父母子女等一起创业，经过多年艰辛，最终将公司培育起来，打造成为一家或小规模的百年老店，或在行业有着足够影响力的大规模私公司，或行业中有着足够竞争力、受人尊敬的公众公司。这是一件多么令人欢喜的事情。然而，现实中很多家族企业却面临着股东权益争议等各种问题。除此之外，实践中还有来自家族企业发展中的困惑：老板及员工都非常辛苦，公司为何多年来无法突破发展的瓶颈？同样是高薪，为何引进职业经理人屡屡失败？为何迟迟不能引进战略投资者？经过改革开放四十年，多数家族企业创始人都到了退出历史舞台的时候了，然而此时公司规模没有得到应有的发展也没有进入资本市场，二代无人愿意接盘，这种情况下公司未来怎么安排？

本书试图从律师角度，就上述问题提供意见和建议，供家族企业管理者们思考。

一 私公司中的家族企业

（一）做好调整家族权益方案，及时调整家族成员之间的权益

首先需要申明的是，家族企业成员之间权益调整的基本原则是既要

合法，也要符合当前实际情况，更要合乎情理，还要可操作。调整的目标是企业能够走得更远。本专题后面摘录的案例中有部分涉及家族成员调整股东权益安排无效的情形。也就是说，任何不以善意为出发点的调整未来都可能会引发法律风险。

涉及家族权益调整有如下四种模式或情形。

第一种调整是现有股东之间的股权结构调整，本书"私公司法人治理"一章中谈到的动态股权结构调整问题同样适用于家族企业。就这个问题，家族企业在股东之间没有发生争议之前对于股东权益的调整往往不予重视或者意识到了但不好意思提出来调整。众所周知的广东真功夫股权之争就是典型的案例，亲属之间 50∶50 的股权比例始终未进行调整，最终还是产生了股权争议。所以，作为股东的家族成员之间根据公司业务与发展的实际情况、各股东参与公司经营管理活动对公司实施控制或重大影响的实际情况，适时调整股东之间的股权结构，使调整后的股权结构既能够符合公司、股东当前实际情况，又能够着眼于未来发展，便是适当的。家族企业股权结构调整要注意的几个问题如下。

（1）夫妻之间的股权结构调整与分割，要注意夫妻共同财产的问题，一旦分割完成，可以借此机会进行夫妻共同财产的一揽子安排。当然，这种安排不只是为应对未来婚姻关系或将可能出现的变故，更多的是考虑要符合公司的实际情况、夫或妻一方或共同参与公司创业、经营管理的实际情况以及结合后面谈到的夫妻共同债务承担等诸多法律问题而定。

（2）对已经形成多领域、多行业、多公司模式的，可以在不同领域、不同行业以及不同公司之间进行调整归属，这种调整相对容易一些。或者先将家族企业按照不同领域、行业进行归类后再行调整。

（3）对已经形成集团控股模式的，需要考虑家族成员之间的股权是否最终都要集中在集团层面体现。

（4）还要考虑家族成员之外的其他股东权益，如管理层股权安排。管理层股权因为有些特殊的要求和管理，所以，一般不便于出现在家族控股股东层面，可以按照公司类别分别安排，成立员工持股平台，建立管理层与各公司之间的对应关系，这样一方面便于考核，另一方面也便于激励与管理。

第二种调整是对现有股东在不调整股权结构情况下对除股权结构之外的其他股东权益进行调整，调整的方式如下。

（1）表决权安排。即在不影响收益权的情况下对股权表决权进行适当安排：将某些没有意愿、没有能力也没有必要行使表决权的股东（包括董事，下同）的表决权赋予其他股东（董事），或者与大股东（董事）签署一致行动协议，后者也可以完全放弃表决权获得固定收益（类似优先股），这样一方面可以更好地应对控股权问题，另一方面也要有适当的制度安排以解决股东（董事）在重大事项上无法达成一致意见的情形。根据法律规定的"股东权益可以意思自治的事项"进行特别约定，都可以有效地解决一些问题。这种特别安排对于夫或妻一方创业或父/母一方或双方创业对子女的股权分配等情形都适用，即在亲属关系的基础上，合理配置股东之间的权利、义务和利益，更有利于公司经营与管理，也有利于防止未来争议的发生。

（2）处分权限制。为防止家族企业控股权归属，可以对某些股东的股权处分权进行限制，如不得用于股权质押、不得转让，或者不得转让予竞争对手，或者如欲对外转让只能转让予第一大股东，或小股东股权不允许继承，或者发生某些事件时其股权必须退出。从可操作角度讲，在对股权处分权安排的同时也可以一并明确股权转让价格的确定原则；也可以约定明确的受让方，如大股东或者按照某一原则确定的受让方。

第三种调整是不限于现有股东，根据公司当前实际情况和未来安排，增加部分家属直接持股，这种调整实质是将公司股权作为家族财产权进行分配，根据实际情况，将部分股权分配给尚不在公司股东名册的夫/妻一方、父/母一方或子女一方或多方。首先，我们认为从家族成员利益角度讲，不是所有的家庭成员都需要作为公司股东出现在股东名册上。对于不适合、没必要出现在股东名册上的家庭成员，可以用保证其收益权的方式进行利益调整。而确有必要作为股东出现的就必须将其调整至股东名册。当然，这种安排也不只是为了应对未来可能推出的遗产税。股权调整完成后，还可以继续采取对表决权、处分权进行适当安排的方法，在不影响股权收益权的情况下，调整股权的行使方式。

第四种调整是对未来可能发生的意外做出预案，如股权继承问题、通过遗嘱的方式处理自然人尤其是控股股东名下股权分配以及股权表决权安排等事宜，这就涉及后面的家族财富管理与传承问题。股权是所有权，具有占有、使用、收益、处分四项完整的权能。表决权、处分权是股东的固有权利，所以，如果不做特别约定，未来通过继承或者夫妻财产分割等方式获得的公司是自然拥有表决权和处分权的，这就是事先制度安排的必要性。在这些问题的处理上，家族财务顾问、法律顾问等中介机构都可以发挥很好的作用。

在私公司中家族企业传承这个问题上，市场公认的成功案例是方太集团。方太集团成立于 1996 年，创始人茅理翔先生最终选择将儿子作为家族企业的传承人，为此，他调整了股权结构，同时对女儿名下的股权做了表决权安排，这样确保儿子可以更好地运营与管理家族企业，顺利完成了家族企业的传承。

在上述调整基础上，为谋百年企业之大计，公司还要适时制定能够将家族企业和家族企业文化传承百年的安排，包括对未来进入公司管理层面成员的要求、公司战略规划、发展方向、家族成员之间在公司经营管理问题上产生不同意见的解决机制等。上述种种调整与安排，最终要通过系列工作与法律文件的方式实现，如调整相关公司股权结构、新设或注销相关公司、修改相关公司章程、制定股东会/董事会议事规则、起草遗嘱等。

（二）建立中长期发展规划

根据实际情况决定公司发展战略与方向：是小规模私公司还是大规模私公司或者公众公司？是否引进外来投资者？

结合本书分析，我们可以清晰地得出一个结论：公司成功的路径很多，通过独木桥进入资本市场成为公众公司并不适合所有私公司，不上市同样也可以做大规模，成熟市场经济的投资者也不会都以 PRE-IPO 为投资方向，所以，不上市也同样可以吸引外来投资者，同样成为同行业的骄傲，成为受人尊敬的公司，比如华为。即使坚持做小规模私公司，让公司存续百年，这样的百年老店也不能不谓之一种成功。但是，不同的公司有不同的经营规则和原则、不同的法人治理架构安排，因此，需要事先明确，做好规划；否则，就会乱了阵脚，在竞争激烈的市场经济中迷失方向，最后难以走向成功。

（三）如何成功引入职业经理人

"先打扫干净屋子再请客"——对于引进职业经理人问题，我经常这样讲。所以，如果不能去家族化，不能将家族股东之间的争议事先处理好，不能规范公司财务，不能建立未来发展的战略方向，单纯靠高的薪酬是无法成功引进有较高职业素养和专业知识以及勤勉尽责的职业经理人的。因为在市场经济发展的今天，职业经理人需要的不仅仅是现金薪酬，更多的是职业平台。

二 公众公司中的家族控股企业

对于已经成功进入资本市场的家族控股企业来说，这个问题更加严峻，一旦出现问题，将造成更为严重的后果，所以，法律和操作层面对公众公司中的家族控股企业提出了更高要求。就家族控股公众公司的法人治理，我们提出如下特别关注事项。

（一）安排好家族成员的利益

对于家族企业的实际控制人来说，除了要经营好企业外，排在首位的是要事先安排好家族成员的利益，公众公司一般规模较大、涉及的利益也大，因此，事先安排好成员之间的权益显得尤为重要。上文中谈到的私公司中家族企业成员权益调整原则、方案、方式方法均不同程度地适用于公众公司，具体实施时需考虑公众公司的大股东、实际控制人负有信息披露的义务以及公众公司在法人治理方面所承担的其他特别义务与责任，在中介机构的帮助下，谨慎确定方案。

（二）做好实际控制人备选方案

对于家族企业的实际控制人来说，排在同等重要地位的工作是做好实际控制人备选方案。对于公众公司来说，比私公司多了一个选择权，那就是可以全面放权董事会高管职业经理人。因此，如果没有合适的家族成员选择，就要为最后全面放权职业经理人做好准备，从选好人到逐步放权到必要的制度安排，这项准备工作耗时、耗力，一旦建立起来将会非常有效。

在这个问题上，美的集团给市场提供了一个很好的案例。美的集团成立于 1968 年，2012 年美的集团实际控制人何享健先生年满 70 岁退休，他将公司控制权交给了 1992 年入职的职业经理人方洪波。方洪波执掌公司后大刀阔斧地开始了系列运作：重新梳理了公司的主营业务方向，2013 年公司整体上市，至 2017 年末，公司市值已达到 3630 亿元。2017 年 7 月 25 日，何享健先生与社会分享了他的成功与喜悦：宣布将自己所持有的美的集团 1 亿股股票捐赠给慈善事业。

（三）坚决去家族化

如果说非上市家族企业没有条件去家族化的话，那么对于已经成功进入资本市场的家族企业来说，在公司重大事项决策以及日常经营管理活动中去家族化的条件相对充分得多，因为资本市场的平台有利于公司吸引更好的职业经理人来担当公司经营管理活动，甚至参与重大事项决策。

（四）用好中介机构

家族控股的公众公司涉及资产规模大、决策错误的代价也大，所以，在重大事项决策上更需要顾问的参与。随着市场经济的发展，专业服务于家族企业的财产信托、保险、财务顾问、税务顾问以及法律顾问等专业机构都相对成熟，完全有能力担当这项工作。

（五）为未来家族企业走得更远做好长期规划

我国市场化起步较晚，多数家族企业发展至今也不过四十多年时间，这离世界著名的百年甚至几百年家族企业相差甚远。如何让自己的家族企业走得更远？这是当前家族企业实际控制人要事先思考的大事。综合市场上诸多成功与失败的案例，我们仍然认为法人治理是公司能够走得更远的制度保障，支撑这种制度的一定是公司文化。

三　家族财富管理与传承

当前，家族财富管理与传承问题摆在了很多人的面前。对于很多企业来说，这个问题不仅严峻而且紧迫。一方面，由于改革开放四十年的积累，企业的迅速成长使企业家拥有了大量的财富，这些财富需要管理与传承；另一方面，第一代创业者大多到了应该退休的年龄，部分企业的二代并无意愿接班，部分企业的二代表达了参与公司经营管理的积极意愿但在公司经营管理权方面难以平衡，这两种情况都需要有合适的安排。这种安排与实施是个相当复杂的问题，不仅涉及家庭成员之间的财产权益安排，也涉及人身关系；不仅涉及公司的传承与发展，也会影响股东、供应商、客户、债权人公司的利益；不仅影响家族成员的利益，也会影响成千上万名员工及其家庭乃至社区居民的生活安排。究其实质，家族企业的这个问题已经远远超越了家族的范围，具有了一定的社会影响。所以，在做方案设计时需要特别谨慎。

一般的家族财富管理与传承方案会涉及继承、夫妻财产分割、保险、信托以及公司股权权益行使等多方面的内容，从法律适用角度讲，会涉及多个法律领域，包括《合同法》《民法总则》《物权法》《公司法》《婚姻法》《继承法》《个人所得税法》《信托法》《保险法》等，由于许多家族企业成员拥有境外身份，并在境外置产，因此也会涉及美国、加拿大、澳大利亚等境外法律的适用。由于涉及多学科、多领域、多个国家/地区法域适用问题，因此，对于家族财富管理与传承的方案设计就需要相当谨慎与全面，稍有不慎，就可能出现未来系列安排在法律上无效或者无法实施的情形。这需要引起大家的足够重视。

如单就婚姻关系解除中的夫妻财产分割问题，自 2001 年修订后的《婚姻法》施行后，最高人民法院分别于 2001 年、2003 年、2011 年制定了三个有关《婚姻法》的司法解释，2017 年 2 月针对婚姻法司法解释（二）第二十四条出台了补充规定，2018 年 1 月 17 日又出台了《关于审理涉及夫妻债务纠纷案件适用法律有关问题的解释》（法释〔2018〕2 号），提出了夫妻债务"共债共签"的原则。就法释〔2018〕2 号的出台背景和主要内容，最高人民法院在答记者问时指出："现实生活中，夫妻双方串通'坑'债权人，或者夫妻一方与债权人串通'坑'另一方等典型案例时有发生。这些因素叠加投射到家庭生活中，使夫妻债务的认定成为非常复杂的问题，人民法院审理涉及夫妻债务案件难度随之加大。原有法律、司法解释虽然已经形成一套较为完整的体系，防范了夫妻双方串通损害债权人利益和夫妻一方与第三人串通损害另一方利益的风险，但有关夫妻共同债务认定标准、举证证明责任等方面的问题仍然没有得到根本解决，成为社会广泛关注的问题。"

我们认为，对于大多数家族企业来讲，公司聘请的专业机构为公司量身定制的家族财富管理与传承方案涉及公司股权部分的安排需要在公司相关内部法律文件中体现出来，或者说这种安排及方案需要与公司内部相关法律文件统一起来才可以保证这种安排能够得到有效实施，这些公司内部法律文件包括公司章程、股东协议、股东（大）会、董事会议事规则和董事会专门委员会工作制度等。

本书主要从公司法领域谈一下家族财富管理与传承方案的制订与实施问题。

（一）股权继承

股权作为一项财产权利，当然是可以继承的，因此《公司法》规定只要公司不做特别约定，自然人名下的股权就是可以继承的。这一点需要提请各位注意。关于公司股权继承中的几个问题如下。

1. 是否允许股权继承

在允许继承的情况下，若实际控制人发生了继承情形，则实践中可能会出现部分不能很好地理解和管理公司的人最后担当了公司的实际控制人，这种情况下，对于实际控制人将引领公司走到哪里大家是没有心理预期的；如果若干个继承人之间不能就股权继承问题达成一致，一旦闹到法院则会两三年没有判决结果，在此期间公司经营行为如何持续？

对其他股东的影响怎么解决？若继承人之间就继承公司股权份额达成了一致，但重大事项的表决权又无法达成一致，则还是会影响公司的业务和其他股东的利益。

在不允许继承的情况下，一旦自然人身故，其股权就只能退出，退出的价格或计价方法需要事先约定，否则一旦发生退出情形，大家不容易达成一致。如果是小股东的股权退出，无论是大股东受让还是公司回购总是有可以解决的方案；但如果是大股东退出，就需要一定的资金和实力才可以完成大股东的退出。

2. 同一个公司/合伙企业是否可以约定部分允许继承、部分不允许继承

例如，约定大股东、实际控制人股权允许继承，其他小股东股权不允许继承；作为股权激励平台的有限合伙企业约定普通合伙人所持有的合伙份额可以继承，但有限合伙人所持有的合伙份额不允许继承。以上约定是否有效？根据公司法股东自治、公司自治的基本原则，我们认为只要事先的权益安排得到了全体股东或者按照章程约定的多数股东的同意，且不存在恶意损害第三方利益的情形，应当有效。从实务角度讲，这种安排也是可操作的。

3. 约定允许继承中需注意的几个问题

（1）需约定继承完成的时间，如最长不超过半年时间，且在继承事件发生后至继承完成时的非常时期内，公司应该有一套应急机制能够满足正常的业务与经营管理活动。超过一定的时间继承仍然无法完成怎么办？是否可以允许小股东退出？

（2）是否需要对继承人的身份进行一定的限制？如不允许出现娃

娃股东、老年人股东，以及不具备相关知识或技能因而无法更好地行使股东权利的继承人担任公司股东；或者在没有选择或无法事先安排的情况下，将这种情形下的决定权交与股东（大）会或某一机构届时根据实际情况决定，或事先要求该继承人的股东表决权需委托第三方机构代为行使。

（3）需约定继承人之间就继承的股权份额无法达成一致的解决办法。当然，如果通过遗嘱的方式事先对各继承人所应获得的被继承人股权进行约定，这个问题影响不大。如果是集团公司，涉及多个公司、多个领域和板块，则应事先分割清楚，以最大限度不影响公司的业务与经营。

（4）需约定股权继承发生后股权表决权行使的原则与方法。例如，股权表决权、收益权与出资比例不一致，如提名董事权利，对在股东（大）会上表决权是否需要一致行动，若表决权不能达成一致的解决办法，特别情况是否可以对某继承人的股权表决权进行适当限制等，约定某股东需将表决权委托他人，以及发生某些特定的情形必须将股权表决权委托他人行使等。

（5）从家族企业能够走得更远的角度，还需要事先安排未来继承人进入公司董事会，担任董事会成员或高管等职位的要求、行事的原则，以更多地体现这些年来创始人所积累的公司文化和家族文化传承。

（6）有外来股东（小股东）的情况下，要考虑继承问题对该外来股东（小股东）的权益影响，如是否可以约定在大股东发生继承的情形下或者继承行为超越一定时间仍然无法完成或者继承人之间无法就公司经营管理重大事项达成一致等损害小股东权益的情况下允许小股东退出？

（7）公司股权结构相对分散，在自然人股权都允许继承的情况下，是否可以将诸如继承人资格问题、继承程序等授予股东（大）会决定？当然，这种制度安排，需事先明确原则，以便于操作。各位股东一定要清楚，类似制度对于大家来讲是公平的，即不知道哪一天哪位股东就可能触发这个条款了。

4. 约定不允许继承中需注意的几个问题

如果不允许继承，则自然人股东身故就涉及股权退出的问题。需要事先约定好退出的价格或计价方法、退出的操作程序、支付方式、完成时间等，一旦事先安排，就会便于操作。如果公司股东全部是自然人，则约定全部不允许继承也是不可操作的，例如，最后一个股东触发继承时，股权如何退出？

（二）夫妻财产分割中涉及公司股权/合伙企业份额的处置

股权具有财产权和身份权（股东身份），但如果没有特别约定，夫妻关系存续期间所形成的公司股权就是夫妻共同财产，一旦发生婚姻关系变故或者一方意外，就涉及夫妻对股权分割的问题。所以，越来越多的自然人股东都会事先对公司股权/合伙企业份额的分割进行约定。

1. 婚姻法司法解释（二）（法释〔2017〕6号）中的规定

第十五条　夫妻双方分割共同财产中的股票、债券、投资基金份额等有价证券以及未上市股份有限公司股份时，协商不成或者按市价分配有困难的，人民法院可以根据数量按比例分配。

第十六条　人民法院审理离婚案件，涉及分割夫妻共同财产中

　　　　　　　　　　　　　　　　　／律师谈公司治理

以一方名义在有限责任公司的出资额，另一方不是该公司股东的，按以下情形分别处理：

（一）夫妻双方协商一致将出资额部分或者全部转让给该股东的配偶，过半数股东同意、其他股东明确表示放弃优先购买权的，该股东的配偶可以成为该公司股东；

（二）夫妻双方就出资额转让份额和转让价格等事项协商一致后，过半数股东不同意转让，但愿意以同等价格购买该出资额的，人民法院可以对转让出资所得财产进行分割；过半数股东不同意转让，也不愿意以同等价格购买该出资额的，视为其同意转让，该股东的配偶可以成为该公司股东。

用于证明前款规定的过半数股东同意的证据，可以是股东会决议，也可以是当事人通过其他合法途径取得的股东的书面声明材料。

第十七条 人民法院审理离婚案件，涉及分割夫妻共同财产中以一方名义在合伙企业中的出资，另一方不是该企业合伙人的，当夫妻双方协商一致，将其合伙企业中的财产份额全部或者部分转让给对方时，按以下情形分别处理：

（一）其他合伙人一致同意的，该配偶依法取得合伙人地位；

（二）其他合伙人不同意转让，在同等条件下行使优先受让权的，可以对转让所得的财产进行分割；

（三）其他合伙人不同意转让，也不行使优先受让权，但同意该合伙人退伙或者退还部分财产份额的，可以对退还的财产进行分割；

（四）其他合伙人既不同意转让，也不行使优先受让权，又不同意该合伙人退伙或者退还部分财产份额的，视为全体合伙人同意转让，该配偶依法取得合伙人地位。

第十八条　夫妻以一方名义投资设立独资企业的，人民法院分割夫妻在该独资企业中的共同财产时，应当按照以下情形分别处理：

（一）一方主张经营该企业的，对企业资产进行评估后，由取得企业一方给予另一方相应的补偿；

（二）双方均主张经营该企业的，在双方竞价基础上，由取得企业的一方给予另一方相应的补偿；

（三）双方均不愿意经营该企业的，按照《中华人民共和国个人独资企业法》等有关规定办理。

2. 实践中约定分割需注意的几个问题

（1）有约定从约定，包括婚前财产约定以及婚后财产约定，也包括通过遗嘱的方式对夫妻共同财产的分配。实践中，这种约定除了包括股权分割比例外，还可以更加具体，如对不参与公司经营一方的股权表决权、处分权的限制等进行适当的约定也是有效的。从公司治理角度讲，股权表决权和处分权的行使在很大程度上是影响公司治理的重大事项。

（2）夫妻之间关于股权/合伙企业份额分割的约定需遵守《公司法》等相关法律的禁止性规定且与公司/合伙企业章程/协议相一致才可以保证实施。

如上述婚姻法司法解释（二）中的分割原则，如果公司章程约定了不同于上述规定的处理原则，该约定是否有效？如果章程约定一旦股东因发生夫妻财产分割的情形下，任何一方配偶不得成为公司股东或合伙人，则无论何时发生分割后配偶的股权只能退出，这种约定是否有效？或者章程约定发生夫妻财产分割的情形下，配偶可以成为登记股东，但其名下股权表决权的行使需受到一定的限制，这种约定是否有效？

（三）股权信托与表决权委托

信托这个来源于英国衡平法的产物，在英国、美国等发达国家受到了极大的推崇和应用，也是使发达国家家族企业和财富得到很好传承的重要工具。与一般的民事委托不同，信托财产具有发生财产所有权变动的效力，即信托依法成立后，信托财产的所有权即转由信托机构（受托人）所有，这也是好多人说的"信托具有隔离税和债务的功能"。当然，实践中并非完全如此，由于这属于信托法的领域，本书不展开论述。

股权信托法理上没有问题，股东设立股权信托，授予信托公司管理和处分股权的权能，按照委托人的意愿，将股权信托获得的收益分配给受益人。当然，信托架构中还会有信托保护人一职，以便在信托机构滥用信托权利损害受益人利益时有权撤销信托。但目前国内实践中，工商管理部门还不能就股权信托办理备案登记，有待于实践中的突破。所以，更多股权信托都是通过境外公司在境外操作，境内公司则是通过股东意思自治来安排实现。

对于境内公司来说，实践中，我们认为更具有可操作性的做法是表决权委托，即股东将其名下全部或部分股权的表决权委托与某一机构或自然人，由该受托人按照委托人的意愿行使股东表决权，包括提名董事监事的权利，参加股东大会就公司战略调整、增减注册资本、引进外来股东、重大资产处置、分立、合并、利润分配方案等重大事项行使表决权，从而更有利于维护公司利益。这种表决权与收益权相分离的委托实践中是可操作的。实践中需注意无效处分的问题，即在未经配偶同意的情况下，对夫妻共同财产中配偶一方的股权表决权也一并进行了委托，这时便不会发生委托的效力。

总而言之，从公司法角度讲，在法律赋予公司自治、股东自治的前提下，公司及股东对于意思自治权利的行使需本着诚实、信用、公司利益优先的原则；对于股东之间的权利义务安排，需合理设定；这种意思自治的安排一定要相对公平，否则未来可能操作不下去或者发生争议，而一旦争议发生，也会存在被认定无效的法律风险。

四　关于配偶一方主张另一方股权转让行为无效的几个案例

实践中，有自然人股东为解决夫妻共同财产问题事先以股权转让的方式将其名下的股权进行了处分，为此，配偶一方提起诉讼，要求确认股权转让行为无效，理由是侵犯了其作为自然人股东配偶一方的权益。

这个问题涉及《公司法》《合同法》以及《婚姻法》多个领域的法律规定，略有复杂。司法实践中，由于股权纠纷为商事纠纷，且涉及公司以及公司其他股东的权益，因此，婚姻诉讼一般不合并处理股权问题，而判决另案处理。

我们查阅了相关案例，总体上，对于上述诉讼，法院的倾向性观点是不影响股权转让行为的效力。当然，也有相反案例，即认定股权转让行为无效，这种判决通常有着特别的事实和严格的适用条件。

（一）摘录几份法院认定配偶一方无权主张股权转让合同无效，因此股权转让继续有效的判决书

1. 最高人民法院（2014）民二终字第 48 号民事判决书

> 法院认为：……原告提起本案诉讼，所依据的是被告与第三人签订的两份股权转让协议，并提出确认协议无效、返还股权的诉讼请求。因此，在双方当事人之间形成的是股权转让合同法律关系，本案案由亦确定为股权转让纠纷。故对本案的处理应当适用我国《合同法》《公司法》的相关调整股权转让交易的法律规范，而不应适用调整婚姻及其财产关系的法律规定。即上述人的该项上诉理由不能成立，本院不予支持。
>
> 关于上诉人提出的股权转让未经其同意，股权转让协议无效的上诉理由，本院认为，股权作为一项特殊的财产权，除其具有的财产权益内容外，还具有与股东个人的社会属性及其特质、品格密不可分的人格权、身份权等内容。如无特别约定，对于自然人股东而言，股权仍属于商法规范内的私权范畴，其各项具体权能应由股东本人独立行使，不受他人干涉。在股权流转方面，我国《公司法》确认的合法转让主体也是股东本人，而不是其所在的家庭。本案中，被上诉人（股权转让方）因转让其持有的工贸公司的股权事

宜，与受让方签订了股权转让协议，双方从事该项民事交易活动，其民事主体适格，意思表示真实、明确，协议内容不违反我国《合同法》《公司法》的强制性规定，该股权转让协议应认定有效。上诉人的该项上诉理由没有法律依据，本院不予支持。

2. 辽宁省高级人民法院（2015）辽民二终字第 00341 号民事判决书

法院认为，夫妻间没有特别约定的情况下，该出资款项应属夫妻共同财产，但在出资行为转化为股权形态时，现行法律没有规定股权为夫妻共同财产，其也不具有"夫妻对共同所有的财产，有平等的处理权"这样的属性。本案宏缘公司股东均同意向第三人转让其持有的股权并已经股东会决议确定。而没有法律规定股东转让股权需经股东配偶的同意，所以，转让方转让其持有的宏缘公司股权，即使未经其配偶同意，也没有法律依据确认其转让无效。

3. 钦州市中级人民法院（2015）钦民二终字第 82 号民事判决书

法院认为：……股权既包括资产收益权，也包括参与重大决策和选择管理者的权利。所以，股权并非单纯的财产权，应为综合性的民事权利。因此，《中华人民共和国公司法》第七十二条规定了股东转让股权必须征得过半数股东的同意，并非必须征得其配偶的同意。且我国现行法律和行政法规没有关于配偶一方转让其在公司的股权需经另一方配偶同意的规定。因此，在本案中，上诉人上诉提出本案应适用《中华人民共和国公司法》的规定，转让方转让其持有的煌宙公司股权时无须其配偶同意的主张符合法律规定，本院予以确认。

4. 北京市第一中级人民法院（2016）京 01 民终 3393 号民事判决书

法院认为：股权作为一项特殊的财产权，除其具有财产权益内容外，还具有与股东个人的社会属性及其特质、品格密不可分的人格权、身份权等内容。如无特别约定，对于自然人股东而言，股权仍属于商法规范内的私权范畴，其各项具体权能应由股东本人行使，不受他人干预。在股权流转方面，我国《公司法》亦确认股权转让的主体为股东个人，而非其家庭。故转让方作为际华新兴公司股东，有权决定是否转让其所持股份。本院对于上诉人主张转让方转让涉案股权系无权处分的上诉意见不予支持……因股权转让主体系股东个人而非其所在的家庭，故转让方有权转让涉案股权，上诉人作为转让方的配偶，无论其对于股权转让同意与否，对于《股权转让协议》的效力均不构成影响。

（二）摘录几份法院认定配偶一方主张股权转让行为无效的判决书

1. 北京市第二中级人民法院（2018）京 02 民终 1937 号民事判决书

本案基本事实：配偶一方中的丈夫（股权转让方）于 2011 年 11 月 16 日入资 50 万元成为神鹰公司在工商部门登记备案的股东，取得神鹰公司股权。此时，转让方与配偶张某系夫妻关系，双方对该等股权的归属没有特别约定。2015 年 3 月，转让方之母任股东及法定代表人的自然人独资企业瑞吉益公司成立。同年 4 月 22 日，神鹰公司作出股东会决议，将转让方在神鹰公司的 50 万元出资全部转让给瑞吉益公司，并在工商部门进行了股东变更登记备案。同日，转让方与瑞吉益公司签订了《股权转让协议》。但截至本案一审庭审，转让方及瑞吉益公司均未提供股权转让款已支付完毕的证据。另，转让方曾于 2015 年 5 月起诉离婚。

现其配偶张某以其丈夫恶意处分夫妻共同财产，损害其权益为由请求法院确认《股权转让协议》无效。法院支持了原告的诉讼请求，确认转让方股权转让行为的实质是恶意处分夫妻共同财产，因此无效。

2. 天津市第二中级人民法院（2018）津 02 民终 1553 号民事判决书

案件基本事实：刘某与殷某系夫妻关系，再婚；刘某与刘某月为父子关系。在刘某与殷某夫妻关系存续期间，刘某与刘某月签订股权转让协议，将其持有的以夫妻共同财产投资、增资而享有的股权转让给刘某月，殷某以自己名义及刘某月监护人名义提起诉讼，要求确认转让协议无效。法院支持了原告的诉讼请求，确认股权转让行为无效。

法院认为：根据最高人民法院《关于适用〈中华人民共和国婚姻法〉若干问题的解释（一）》第十七条第二项规定，夫或妻非因日常生活需要对夫妻共同财产做重要处理决定，夫妻双方应当平等协商，取得一致意见。他人有理由相信其为夫妻双方共同意思表示的，另一方不得以不同意或不知道为由对抗善意第三人。《中华人民共和国物权法》第一百零六条规定，无处分权人将不动产或者动产转让给受让人的，所有权人有权追回，除法律另有规定外，符合下列情形的，受让人取得该不动产或者动产所有权：（一）受让人受让该不动产或者动产时是善意的；（二）以合理的价格转让；（三）转让的不动产或者动产依照法律规定应当登记的已经登记，不需要登记的已经交付给受让人。

本案中，刘某与刘某月系父子关系，对于刘某与殷某的再婚夫妻关系应当是明知的，刘某处分夫妻共同财产，并无证据证明事前已经殷某授权，事后亦未取得殷某追认。刘某月作为股权受让人，亦不具备善意取得之要件。因此，一审法院鉴于各方当事人的家庭情况及亲属关系，认定刘某月取得涉诉股权时不具有善意第三人的身份是正当的。据此，刘某与刘某月间签订的股权转让协议应认定为无效，刘某月因此取得的股权应当予以返还。

3. 北京市第二中级人民法院（2018）京 02 民终 3743 号民事判决书

案件主要事实如下。

润波金缘公司成立日期为 2009 年 5 月 4 日，法定代表人为宋某，注册资本 200 万元，成立时股东为宋某、孙某 1（二人为夫妻关系，2009 年 1 月 10 日登记结婚），出资数额分别为 100 万元，出资时间均为 2009 年 5 月 4 日，出资方式均为货币。孙某 1 与孙某 2 为亲属关系，2009 年 6 月 3 日，孙某 1 与孙某 2 签订《股本转让协议》，孙某 1 同意将其在润波金缘公司的全部股份 100 万元转让给孙某 2，未支付对价。

2016 年 12 月 28 日，宋某与孙某 1 经法院判决离婚，但关于润波金缘公司的债权债务及股权问题另案处理。2016 年，宋某以上述股权转让行为未经其同意为由提起诉讼，要求确认上述股权转让行为无效。一审法院支持了原告的诉讼请求，二审法院维持原判。

就本案争议焦点"宋某对于孙某 1 与孙某 2 的股权转让行为是否明知，孙某 2 受让股权是否为善意？"二审法院观点如下。

宋某与孙某 1 在婚姻关系存续期间共同出资设立润波金缘公司，二人未提供证据证明在设立润波金缘公司时提交了财产分割证明，故在润波金缘公司设立时其各自名下 50% 的股权应属于夫妻共同财产。

婚姻法司法解释（一）第十七条规定："夫或妻非因日常生活需要对夫妻共同财产做重要处理决定，夫妻双方应当平等协商，取得一致意见。他人有理由相信其为夫妻双方共同意思表示的，另一方不得以不同意或不知道为由对抗善意第三人。"

根据鉴定机构出具的司法鉴定意见书，润波金缘公司第一届第二次股东会决议及第二届第一次股东会决议不能证明是宋某本人的真实意思表示，上述决议亦被判决确认不成立。孙某 1、孙某 2 在本案中提交的证据不足以证明在 2009 年 6 月孙某 1 以转让的方式处分涉案股权时征得了宋某的同意，亦无法证明在此之后宋某就孙某 1 以转让的方式处分涉案股权及其法律效果作出了追认的明确意思表示，故本院对孙某 1、孙某 2 关于宋某同意孙某 1 向孙某 2 转让涉案股权的上诉主张不予采信。

／律师谈公司治理

孙某 1、孙某 2 系亲属关系，孙某 2 应当了解孙某 1 的家庭情况，孙某 2 受让涉案股权未支付对价是客观事实，现有证据不能证明孙某 2 有理由相信该股权发生无偿转让的法律效果系宋某、孙某 1 的共同意思表示，故无法认定孙某 2 系善意第三人。因此，一审法院判决确认涉案《股本转让协议》无效，处理正确。

关于国有企业

　　国有企业包括国有全资和国有控股企业，所涉领域不仅包括国防、军工、交通、水电气等关系国计民生的公用事业领域，也包括农业、工业、食品、房地产、贸易等一般竞争领域。一些国有控股的上市公司，如中石油、中石化、中国中车、中粮等通过这些年的不断发展，很多已经进入了世界五百强行列，占有更多资产、资源，也具有更大的市场影响力。所以，对国有企业法人治理的研究有着一定的普遍性。

一　国有企业实际控制人和出资人代表（股东）的特点

　　《企业国有资产法》规定："*企业国有资产，是指国家对企业各种形式的出资所形成的权益。国有资产属于国家所有即全民所有。国务院代表国家行使国有资产所有权。国务院和地方人民政府依照法律、行政法规的规定，分别代表国家对国家出资企业履行出资人职责，享有出资人权益。*"

　　"*国务院国有资产监督管理机构和地方人民政府按照国务院的规定设立的国有资产监督管理机构，根据本级人民政府的授权，代表本级人民政府对国家出资企业履行出资人职责。*"

"国务院和地方人民政府根据需要，可以授权其他部门、机构代表本级人民政府对国家出资企业履行出资人职责。代表本级人民政府履行出资人职责的机构、部门，以下统称履行出资人职责的机构。"

从《公司法》角度讲，我们之所以说国有企业在法人治理上有自己的特点主要基于以下几个方面。

国有企业的出资人代表（股东）是国资委或者各级政府设立的平台公司（持股公司），实际控制人是各级人民政府，各级人民政府通过下设的专门的国有资产监督管理机构对国有资产行使监督管理权。这个出资人代表（股东）和实际控制人都不是自然人，而是一个机构/组织，且分中央、省、市、县多级所有，即国有企业的实际控制人无法像自然人一样直接参与公司生产经营、重大事项决策，即所有权与经营管理权天然分离，公司只能由管理团队经营和管理，而企业经营的后果是由各级国资委实际承担。所以，国有企业的代理成本是很高的，需要在法人治理架构上做一些特别安排。

二　国有企业法人治理的痛点与关注重点

根据本书第二部分对法人治理基础法律理论部分的分析，我们认为国有企业法人治理需解决三方面的痛点。解决这三个痛点给国资委、国有企业管理人员和非国有股东提出了更高要求。

（一）实际控制人角度

对于实际控制人来讲，最大的顾虑是如何让管理人员像对待自己的公司一样忠实与勤勉尽责。

"花别人的钱不心痛",更何况国有企业最终的责任承担者不是某个自然人,而是一个机构/组织。正是为此,20世纪80年代末我国启动了对国有企业大刀阔斧的改革,绝大多数国有企业通过关、停、并、转退出历史舞台,完成历史使命;也是为此,在国有企业大规模改革过程中,法学界以及企业界学者曾经提出过用"优先股"这一制度解决国有资产经营管理问题,即放弃表决权获得固定收益权。目前看,我们一方面要"理直气壮"做大做强国有企业,增强国有企业在全球范围内的竞争力和话语权;另一方面也要大幅度启动混合所有制改革,通过民营经济的活力带动国有企业在市场经济中做得更好。

无论如何,对于国有企业来说,如何通过制度更好地激励管理人员履行忠实与勤勉尽责义务,使其能够把公司利益最大化作为行事基本原则,同时,又要防止管理人员消极懈怠、错误决策,以及利用公司的机会自我交易及管理人员越权等行为?这是国资委的痛点,需要通过法律法规和制度做保障。

(二) 管理人员角度

对于管理人员来讲,最大的顾虑是哪些行为最终会让自己承担"国有资产流失"的责任。

如果公司实际控制人是自然人,那么公司经营管理过程中的大事,如公司战略方向的确定/调整,关键岗位人员聘任等除了书面报告外,大家就可以面对面地沟通、交流,一次不够,可以多次、持续交流,通过交流和分析最终总能够很好地解决问题。沟通交流,除了可以保证决策正确外，管理人员还可以一方面展示自己的业务、技术和管理能力，另一方面最大限度地获得实际控制人的认可，获得相应的薪酬激励和股权激励，从而更好地激发积极性。但是在国有企业中，面对国资委这个实际控制人就比较困难：对国资委授权不明确的事项如何决策？在重大事项决策过程中如何消除由非主观原因导致决策错误进而承担责任的顾虑，从而可以抓住商业机会敢于做出决策？如何处理相关部门对重大事项审批流程繁杂导致商业机会丧失等问题？这些是国有企业管理人员的顾虑，也需要通过法律法规和制度来解决。

（三）混合所有制公司中的非国有股东角度

混合所有制公司的非国有股东也存在顾虑：如何能够与国有股东更好地协商并促使公司更好地决策？

民事主体间的平等是民事法律关系的基本特点，所以，即使各方存在公司规模、技术以及行业地位上的差异，但最终商务条款的达成需要经过双方的同意。这一点，与行政法律关系和刑事法律关系显然不同。众所周知，交警给你的车辆贴罚单的时候是不需要得到你的同意的；同样，判你承担刑事责任的时候也不需要得到你的同意。这是三种法律关系的实质差异。

在混合所有制公司中，国有股东与非国有股东一起合作，这是民商事法律关系，股东之间实质是平等的。但是当一个自然人实际控制人与一个机构实际控制人一起协商共处的时候，不可避免地会存在交流的困难，何况国有资产监管也存在一些特别的程序和强制性规定。所以，这个问题不仅会让民营资本望而却步，也会困扰国有控股或参股公司的董事会、高管，最终自然会影响公司在重大事项上的决策。

三　国有企业法人治理方面的特别要求

（一）国有企业需遵守的法律、行政法规、部门规章以及地方法规等规定

（1）法律：如《公司法》、《证券法》、《企业国有资产法》（2009年5月1日生效）。

（2）行政法规：如《企业国有资产评估管理暂行办法》（国务院国资委第12号令，自2005年9月1日起实施）、《企业国有资产监督管理暂行条例》（2003年5月27日发布并实施，2011年1月8日修订，国务院令第588号）、《中共中央国务院关于深化国有企业改革的指导意见》、《国务院关于改革和完善国有资产管理体制的若干意见》（国发〔2015〕63号）、《国务院办公厅关于加强和改进企业国有资产监督防止国有资产流失的意见》（国办发〔2015〕79号）、《国务院国资委以管资本为主推进职能转变方案》（国办发〔2017〕38号）、《国务院办公厅关于进一步完善国有企业法人治理结构的指导意见》（2017年5月4日发布）等。

（3）国务院国资委、财政部以及证监会发布的部门规章：如2016年出台的《企业国有资产交易监督管理办法》（国务院国资委、财政部令第32号）、2018年5月18日颁布的《上市公司国有股权监督管理办法》（国务院国资委、财政部、证监令第36号，自2018年7月1日起实施）。

　　　　　　　　　　　　　　　／律师谈公司治理

（二）国有企业法人治理的特点

（1）严格执行关于国有股权管理的强制性规定，该等规定无论是以法律、行政法规形式出现，还是以部门规章、地方规章形式出现，或者以各级国资委对平台公司的授权等形式出现，对于国有企业来说，都是强制性规定。

（2）全民所有制企业和国有独资公司不设股东会，国有出资机构行使出资人职责，对企业重大事项进行审议和决策。如《企业国有资产监督管理暂行条例》（国务院令第588号）规定"国有资产监督管理机构依照法定程序决定其所出资企业中的国有独资企业、国有独资公司的分立、合并、破产、解散、增减资本、发行公司债券等重大事项。其中，重要的国有独资企业、国有独资公司分立、合并、破产、解散的，应当由国有资产监督管理机构审核后，报本级人民政府批准"。

"国有控股的公司、国有参股的公司的股东会、董事会决定公司的分立、合并、破产、解散、增减资本、发行公司债券、任免企业负责人等重大事项时，国有资产监督管理机构派出的股东代表、董事，应当按照国有资产监督管理机构的指示发表意见、行使表决权"。

"国有资产监督管理机构派出的股东代表、董事，应当将其履行职责的有关情况及时向国有资产监督管理机构报告"。

《企业国有资产交易监督管理办法》规定"因企业产权转让或企业增资致使国家不再拥有所出资企业控股权的，须由国资监管机构报本级人民政府批准"。

上述涉及国有企业重要事项的交易合同中均需将国资监管机构的审批作为合同生效条件，未经批准合同不生效。

（3）设董事会、监事会的国有企业需有职工董事、监事，国资监管机构可以向国有企业委派外部监事。

（4）国有资产占有单位需到国资监管机构做国有资产初始占有登记，公司增资、减资、分立、合并等原因导致注册资本发生变化时要到国资委做国有资产变动登记和注销登记。

（5）评估是国有资产交易（包括企业产权转让、企业增资、一定金额的企业资产交易）的必经程序，交易需在产权交易所等交易场所公开进行，通过公开交易的程序保证交易价格的等价有偿，并防止经理人舞弊。对于非国有资产交易，评估不是必经程序，交易双方可以意思自治协商确定交易价格，但国有出资人无法和其他商事主体一样参与协商，因此，合适的交易价格需由专门的评估程序和评估方法来保证，且评估方法需获得国资监管机构的认可，评估结果需获得国资监管机构的核准或备案，同时特别规定，交易价格不得低于经审计或评估的净资产。

《企业国有资产评估管理暂行办法》第六条规定，企业有下列行为之一的，应当对相关资产进行评估："（一）整体或者部分改建为有限责任公司或者股份有限公司；（二）以非货币资产对外投资；（三）合并、分立、破产、解散；（四）非上市公司国有股东股权比例变动；（五）产权转让；（六）资产转让、置换；（七）整体资产或者部分资产租赁给非国有单位；（八）以非货币资产偿还债务；（九）资产涉讼；（十）收购非国有单位的资产；（十一）接受非国有单位以非货币资产出资；（十二）接受非国有单位以非货币资产抵债；（十三）法律、行政法规规定的其他需要进行资产评估的事项。"

（6）国有及国有控股企业在重大事项决策时（简称"三重一大"，即重要事项决策、重要干部任免、重要项目安排和大额资金使用），实行集体决策制。

（7）对于国有企业运营中的重大事项，如国有资产处置、对外投资、收购兼并、国有控股上市公司发行股票/债券等对股东权益有重大影响的事项，强制性地要求企业聘请专业的中介机构如财务顾问、法律顾问、会计师、评估师等参与交易过程，发表专业意见。

（8）为维护股东利益，防止国有资产流失，法律、法规对企业法人治理内部管理架构做了很多强制性规定，包括内部机构设置（如总法律顾问、总会计师的设置）、各机构与部门之间的制约与监督关系、外部董事监督、监事会监督、党组织保证监督、审计监督、信息公开与社会监督，并强化国有资产损失与责任追究。如根据《国务院办公厅关于加强和改进企业国有资产监督防止国有资产流失的意见》（国办发〔2015〕79号）的规定，"企业集团应当建立涵盖各治理主体及审计、纪检监察、巡视、法律、财务等部门的监督工作体系，强化对子企业的纵向监督和各业务板块的专业监督。健全涉及财务、采购、营销、投资等方面的内部监督制度和内控机制，进一步发挥总会计师、总法律顾问作用，加强对企业重大决策和重要经营活动的财务、法律审核把关。加强企业内部监督工作的联动配合，提升信息化水平，强化流程管控的刚性约束，确保内部监督及时、有效……"

"设置由外部董事组成的审计委员会，建立审计部门向董事会负责的工作机制，董事会依法审议批准企业年度审计计划和重要审计报告，增强董事会运用内部审计规范运营、管控风险的能力……"

（9）财务规范、内部和外部审计的强制性规定：国有企业应当依照法律、行政法规和国务院财政部门的规定，建立健全财务、会计制度，设置会计账簿，进行会计核算，依照法律、行政法规以及企业章程的规定向出资人提供真实、完整的财务、会计信息。

（10）国有控股上市公司要求"董事会在决定公司重大问题时，应当事先听取公司党委的意见"。部分国有控股上市公司已按此要求相应修改了公司章程，最新的《上市公司治理准则》也明确提出这一要求。该规定对上市公司法人治理会产生一定的影响，但没有改变股东大会是公司最高权力机构的实质。

（三）国有企业法人治理方面哪些可以意思自治

（1）上述法律、行政法规、部门规章，以及省、市、县级政府/国资委关于国有企业管理方面的规定都是强制性规定，任何国有企业都必须遵守，不允许任何形式的意思自治。

（2）为便利管理，国资监管机构可以对政府持股平台公司就其投资子公司在重大事项处置上有一定的授权，即授权经营，这种授权部分以各级国资委部门或政府规章的形式表现。这种授权对于被投资的公司来说也是强制性规定，不允许意思自治；对于政府平台公司来说可以理解为意思自治。

（3）全民所有制企业和国有独资公司在法人治理第一层面，即《公司法》规定的股东会、董事会职权上没有意思自治的空间。

（4）国有控股公司或参股公司在公司治理上是否有意思自治的权限取决于公司章程的约定，而该等章程需要获得国资监管机构或其授权的出资代表批准后方可生效。

结论：对于国有企业来说，本书第二章"公司治理内部法律关系架构"中表7所列"关于股东权利行使可以意思自治的具体事项"除非得到各级国资委或平台公司的具体规定或明确授权或经批准在公司章程中体现，否则都不能意思自治。

（四）国有企业股东权利实现的保障措施（见表1）

表1　国有企业股东权利实现的保障措施

股东权利	保障股东权利实现的制度安排	国有企业的特别保障
使用： 1. 知情权：及时了解公司业务、财务状况 2. 股东大会提案权：需持有一定数量股权 3. 提名非职工董事/监事 4. 提议召开股东（大）会、董事会会议，并在满足法律规定的情况下自行召集、召开股东（大）会会议 5. 参加股东（大）会会议并实行表决权 6. 质询权、意见与建议权 7. 监督权、股权退出权及诉讼救济权	1. 知情权的实现：私公司控股股东或董事会需及时将公司业务、财务状况以及公司发展中的大事告知其他股东（不论是否参与公司经营管理），上市公司需主动、公开履行信息披露义务 2. 股东（大）会提案权、召开股东（大）会/董事会会议提议权、自行召集召开会议权以及提起公司解散诉讼需持有一定数量和期限股权的股东方可行使 3. 表决权是主要行使方式	国有企业的董事会和管理层需要将公司业务、经营和财务状况以及公司发展中的大事及时告知各级国资委或平台公司，金额大小以及事件重要性取决于各级国资委规定、对平台公司的授权以及公司章程的约定
收益：获得分红	制定明确、合理的分红政策并有效实施	制定明确的利润上缴制度
处分：股权质押、继承以及出售	除法定限制外，对处分权的限制需获得股东同意	处置国有股权需经国资委或国资委授权的一级企业同意，并需到产权交易所挂牌交易，交易价格需经审计、评估，并到国资委核准或备案。国有股权不能继承

（五）国有企业运营中的重大事项的判断标准

1. 央企

根据《国务院国资委以管资本为主推进职能转变方案》（国办发〔2017〕38号）规定，适用于国务院国资委监管范围内的中央企业的精简的国资监管事项（共43项），具体列表如下。

（1）取消（审批）事项（共26项，见表2）

表2 取消（审批）事项

序号	事项内容
1	直接规范上市公司国有股东行为
2	指导中央企业评估机构选聘
3	中央企业境外产权管理状况检查
4	审批中央企业子企业分红权激励方案
5	审批中央企业年金方案
6	审批中央企业重组改制中离退休和内退人员相关费用预提方案
7	审批中央企业住房补贴整体方案和负责人异地调动住房补贴方案
8	对中央企业账销案存的事前备案
9	与借款费用、股份支付、应付债券等12个会计事项相关的会计政策和会计估计变更事前备案
10	指导中央企业内部资源整合与合作
11	联合开展全国企业管理现代化创新成果评审和推广
12	指导地方国有企业重组改制上市管理
13	指导中央企业所属科研院所等事业单位改制
14	审批中央企业职工监事选举结果
15	指导中央企业内设监事会工作
16	中央企业职工董事履职管理
17	组织中国技能大赛、中央企业职工技能比赛
18	批复中央企业工会组织成立和工会主席选举有关事项
19	评比表彰中央企业企业文化示范单位
20	指导地方国资委新闻宣传工作

序号	事项内容
21	直接开展中央企业高级政工师任职资格评定
22	要求中介机构提供对中央企业国有资本经营决算的审计报告
23	指导和监督中央企业开展全员业绩考核工作
24	中央企业信息工作评价
25	中央企业信息化水平评价
26	指导中央企业档案工作

（2）下放（地方国资委、中央企业、国家出资企业）审批事项（共9项，见表3）

表3　相应的下放审批事项

序号	事项内容	具体下放机构
1	审批地方国资委监管企业的上市公司国有股权管理事项	下放给地方国资委
2	审批中央企业所持有非上市股份有限公司的国有股权管理方案和股权变动事项（主业涉及国家安全和国民经济命脉的重要行业和关键领域、主要承担重大专项任务的子企业除外）	下放给中央企业
3	审批中央企业子企业股权激励方案	下放给中央企业
4	审批国有股东通过证券交易系统转让一定比例或数量范围内所持有上市公司股份事项	下放给国家出资企业
5	审批本企业集团内部的国有股东所持有上市公司股份的无偿划转、非公开协议转让事项	下放给国家出资企业
6	审批未导致国有控股股东持股比例低于合理持股比例的公开征集转让、国有股东发行可交换公司债券及所控股上市公司发行证券事项	下放给国家出资企业
7	审批国有参股股东所持有上市公司国有股权公开征集转让、发行可交换公司债券事项	下放给国家出资企业

序号	事项内容	具体下放机构
8	审批未导致上市公司控股权转移的国有股东通过证券交易系统增持、协议受让、认购上市公司发行股票等事项	下放给国家出资企业
9	审批未触及证监会规定的重大资产重组标准的国有股东与所控股上市公司进行资产重组事项	下放给国家出资企业

（3）授权（落实董事会职权试点企业、国有资本投资运营公司试点企业自行决策）事项（共8项，见表4）

表4　相应授权事项

序号	事项内容
1	制订中央企业五年发展战略规划和年度投资计划
2	经理层成员选聘
3	经理层成员业绩考核
4	经理层成员薪酬管理
5	职工工资总额审批
6	中央企业子企业以非公开协议方式增资及相应的资产评估
7	国有参股企业与非国有控股上市公司重组
8	大额预算外捐赠、重大担保管理和债务风险管控

2. 各级地方国有企业

以山东省为例。山东省国资委2015年1月1日起实施的《关于取消和下放一批审批、核准、备案事项的通知》，对于山东省属国有企业重大事项审批、核准和备案权限调整如表5所示。

表5　山东省属国有企业重大事项审批、核准和备案权限调整

序号	事项内容	类别	处理决定
1	省管企业主业	核准	授权集团公司决定
2	省管企业年度投资计划	核准	授权集团公司决定，事后报告
3	省管企业"四非"（非主业、境外、与非国有合作、参股）投资项目	核准	下放集团公司行使
4	省管二级企业"四非"（非主业、境外、与非国有合作、参股）投资项目	事前备案	下放集团公司行使
5	省管三级及以下国有全资企业资本金变动	事前备案	下放集团公司行使
6	省管三级及以下企业改制、国有产权转让、解散、清算、申请破产	备案	下放集团公司行使
7	省管企业年度财务决算中介机构选聘、省管企业经济行为需省国资委核准或备案项目的中介机构选聘	统一选聘或核准	下放集团公司行使
8	省管企业特殊担保事项（为无产权关系且含国有企业提供担保、为境外实际控制企业提供担保等）	审批	下放集团公司行使
9	省管企业各级实际控制企业特殊担保事项（为无产权关系且含国有企业提供担保、为境外实际控制企业提供担保）	审批	下放集团公司行使
10	省管二级以下企业改制、产权转让清产核资有关事项（资产损失核销、清产核资结果）审核确认	审批	下放集团公司行使
11	除需经省政府或省国资委批准之外的经济行为涉及的资产评估项目	核准或备案	下放集团公司备案
12	省管二级控制企业持有的产权进场转让事项	审批	下放集团公司行使
13	省管企业根据国家有关规定在本集团内部实施资产重组时的协议转让事项	审批	下放集团公司批准或决定，同时抄报省国资委
14	省管企业在本集团内部无偿划转国有产权事项	审批	下放集团公司批准，同时抄报省国资委

序号	事项内容	类别	处理决定
15	全省国有企业法律顾问执业资格注册管理	核准	取消
16	全省国有股东质押所持上市公司股份	事后备案	下放集团公司备案（国资监管机构直接持有的本级国资监管机构备案）
17	国有股东参股的非上市企业参与非国有控股上市公司资产重组所涉及的国有股权管理事项	审批	下放集团公司行使
18	国有股东因破产、清算、注销、合并、分立等原因导致上市公司股份持有人变更事项	审批	下放集团公司行使
19	全省国有股东通过证券交易系统在国家规定的限额范围内转让上市公司股份且不涉及上市公司控股权转移的事项	审批	下放国有股东决定，事后按规定报省国资委备案
20	全省国有单位受让上市公司股份（投机炒作股票除外）符合下列条件之一的事项：在一个会计年度内通过证券交易所累计净受让的股份未达到上市公司总股本 5% 的；国有单位通过协议方式受让股份后不具有上市公司控股权或上市公司国有控股股东通过协议方式增持股份；通过其他合法途径受让股份但法律、行政法规及有关规章制度未规定报国资监管机构审批的	审批	下放国有单位决策，事后按规定报省国资委备案

2016 年 1 月 27 日，为进一步加大简政放权力度，深化国资国企改革，加快构建以管资本为主的国有资产监管模式，山东省国资委决定再下放一批审批、核准、备案事项，如表 6 所示。

／律师谈公司治理

表6　山东省属国有企业审批、核准、备案事项再次下放目录

序号	事项名称	类别	放权对象	处理决定
1	企业高级管理人员任免	审批	高管人员契约化管理试点企业	由试点企业董事会决定
2	企业高级管理人员业绩考核	审批	高管人员契约化管理试点企业	由试点企业董事会决定
3	企业高级管理人员薪酬	核准	高管人员契约化管理试点企业	由试点企业董事会决定
4	省管企业所出资企业的改制、合并、分立、解散、清算、申请破产	审批	国有资本投资运营公司	由国有资本投资运营公司董事会决定
5	省管企业所出资企业的注册资本金变动	事前备案	国有资本投资运营公司	由国有资本投资运营公司董事会决定
6	省管企业工资总额预算	审批	省管企业	由企业董事会决定
7	市级（含市级）以下企业国有产权协议转让	审批	各市国资监管机构	下放市级国资监管机构审批

（六）关于国有企业管理者的选择与考核

《企业国有资产法》设"国家出资企业管理者的选择与考核"专章，规定如下。

第二十二条 履行出资人职责的机构依照法律、行政法规以及企业章程的规定，任免或者建议任免国家出资企业的下列人员：

（一）任免国有独资企业的经理、副经理、财务负责人和其他高级管理人员；

（二）任免国有独资公司的董事长、副董事长、董事、监事会

主席和监事；

（三）向国有资本控股公司、国有资本参股公司的股东会、股东大会提出董事、监事人选。

国家出资企业中应当由职工代表出任的董事、监事，依照有关法律、行政法规的规定由职工民主选举产生。

第二十三条　履行出资人职责的机构任命或者建议任命的董事、监事、高级管理人员，应当具备下列条件：

（一）有良好的品行；

（二）有符合职位要求的专业知识和工作能力；

（三）有能够正常履行职责的身体条件；

（四）法律、行政法规规定的其他条件。

董事、监事、高级管理人员在任职期间出现不符合前款规定情形或者出现《中华人民共和国公司法》规定的不得担任公司董事、监事、高级管理人员情形的，履行出资人职责的机构应当依法予以免职或者提出免职建议。

第二十四条　履行出资人职责的机构对拟任命或者建议任命的董事、监事、高级管理人员的人选，应当按照规定的条件和程序进行考察。考察合格的，按照规定的权限和程序任命或者建议任命。

第二十五条　未经履行出资人职责的机构同意，国有独资企业、国有独资公司的董事、高级管理人员不得在其他企业兼职。未经股东会、股东大会同意，国有资本控股公司、国有资本参股公司的董事、高级管理人员不得在经营同类业务的其他企业兼职。

未经履行出资人职责的机构同意，国有独资公司的董事长不得兼任经理。未经股东会、股东大会同意，国有资本控股公司的董事长不得兼任经理。

董事、高级管理人员不得兼任监事。

第二十六条 国家出资企业的董事、监事、高级管理人员，应当遵守法律、行政法规以及企业章程，对企业负有忠实义务和勤勉义务，不得利用职权收受贿赂或者取得其他非法收入和不当利益，不得侵占、挪用企业资产，不得超越职权或者违反程序决定企业重大事项，不得有其他侵害国有资产出资人权益的行为。

第二十七条 国家建立国家出资企业管理者经营业绩考核制度。履行出资人职责的机构应当对其任命的企业管理者进行年度和任期考核，并依据考核结果决定对企业管理者的奖惩。

履行出资人职责的机构应当按照国家有关规定，确定其任命的国家出资企业管理者的薪酬标准。

第二十八条 国有独资企业、国有独资公司和国有资本控股公司的主要负责人，应当接受依法进行的任期经济责任审计。

第二十九条 本法第二十二条第一款第（一）项、第（二）项规定的企业管理者，国务院和地方人民政府规定由本级人民政府任免的，依照其规定。履行出资人职责的机构依照本章规定对上述企业管理者进行考核、奖惩并确定其薪酬标准。

四 关于是否构成国有资产流失的几个案例

摘录几个证监会反馈中提到涉嫌国有资产流失的 IPO 项目，主要涉及国有资产交易的定价以及审批流程是否存在瑕疵。国有资产交易过程中是否造成国有资产流失，最终还是由国资委（股东）说了算。从证券业务实践上看，在国有资产交易过程中不涉及犯罪且交易行为不违反法律、行政法规的禁止性规定，即不存在导致交易无效情形的前提下，对于程序上存在的其他瑕疵，如果最后能够获得国务院国资委或省、市、县级人民政府或地方国资委的事后确认，中介机构和证监会审核中一般不会认定国有资产交易过程中存在重大法律障碍。

（一）2017 年 10 月 13 日证监会对北洋出版传媒股份有限公司 IPO 申请文件反馈意见

摘录部分内容如下。

请详细说明 2016 年股份拍卖价格显著低于 2013 年增资价格的原因，说明实际控制人通过汇洋基金参与该次股份拍卖的原因，说明本次拍卖价格是否低于每股净资产，是否存在国有资产流失的情形。请保荐机构、会计师说明核查程序和结论，并发表意见。

（二）2018 年 1 月 16 日证监会对浙江绍兴瑞丰农村商业银行股份有限公司 IPO 申请文件反馈意见

摘录部分内容如下。

　　　　　　　　　　　　　　　　　　　　　　/ 律师谈公司治理

招股说明书披露，2006年6月，发行人股东会决议向原股东募集3.5亿股新股，募集价格为1.15元/股，低于发行人当时剔除注入土地后的每股净资产1.44元，最终部分股东认购了上述新增股份。

（1）请保荐机构和发行人律师核查并披露该次募股价格低于每股净资产的原因及合理性，是否存在国有资产流失或股东侵占国有资产的情形，是否存在纠纷或潜在纠纷；（2）请保荐机构和发行人律师核查该次增资扩股是否履行了法定的审批、备案或评估程序，是否合法合规，并发表明确意见。

（三）2017年10月16日证监会对湖南科创信息技术股份有限公司创业板IPO申请文件反馈意见

摘录部分内容如下。

……

（3）2001年8月20日，公司股东会决议同意铁道实业减持125万元；2001年8月26日，公司股东会决议通过利润分配方案和增资方案，铁道实业按减持后所持股份130万元分红31.11万元，获资本公积转增股本4.68万元。请发行人说明：利润分配方案的股权登记日，利润分配时铁道实业尚未完成减持的工商变更登记，按减持后股份分红的合法性、合理性，是否造成国有资产流失，是否获得有权部门批准或确认。

（4）保荐工作报告显示，2001年8月，铁道实业减资价格，及其后的利润分配和增资价格有失公允，此事项已于2005年整改。

请发行人详细说明整改情况，整改方案是否获得有权部门批准或确认，整改之后是否仍存在国有资产流失情形。

（5）保荐工作报告显示，发行人整体变更时作出的股权激励方案未及时向国有资产监督管理部门履行审批、备案程序，此事项已进行整改。请发行人详细说明股权激励方案背景和实施情况，整改情况，整改方案是否获得有权部门批准或确认，整改之后是否仍存在国有资产流失情形。请保荐机构、发行人律师核查并发表意见，说明核查过程，并对国有股权历次变动合法合规性、整改方案合法合规性、是否造成国有资产流失、是否构成本次发行上市的法律障碍发表明确意见。

（四）2016 年 7 月 14 日证监会对镇海石化工程股份有限公司 IPO 申请文件反馈意见

摘录部分内容如下。

1. 关于股权沿革。

（1）关于 1993 年至 1998 年发行人前身历史沿革，请补充披露 1993 年至 1998 年发行人前身设立及历次股权变动时出资资产的明细、来源、作价依据、是否经过评估、是否办理产权变更等。

（2）关于镇海炼化工程改制为镇海石化有限，请补充披露参与改制资产明细及未参与改制部分的净资产（账面价值 3715.35 万元）由镇海炼化收回的具体过程，包括但不限于资产明细、作用、作价依据。改制后镇海炼化的股权及业务沿革，发行人与其在资产、人员、财务等是否相互独立。

（3）关于中转油库项目以及国储项目，请补充披露改制后仍由镇海石化管理过程中的资产、人员、财务等是否相互独立及2004年以后的权益划分的具体过程。

（4）关于职工补偿补助金及经营者岗位激励股的量化，请保荐机构及发行人律师就该过程是否履行了相应的法律程序、是否符合政策和法律依据、是否造成国有资产流失发表意见。

附录 公司法司法解释（一）、（二）、（三）、（四）

最高人民法院关于适用《中华人民共和国公司法》若干问题的规定（一）

（2006年3月27日最高人民法院审判委员会第1382次会议通过）

为正确适用2005年10月27日十届全国人大常委会第十八次会议修订的《中华人民共和国公司法》，对人民法院在审理相关的民事纠纷案件中，具体适用公司法的有关问题规定如下：

第一条 公司法实施后，人民法院尚未审结的和新受理的民事案件，其民事行为或事件发生在公司法实施以前的，适用当时的法律法规和司法解释。

第二条 因公司法实施前有关民事行为或者事件发生纠纷起诉到人民法院的，如当时的法律法规和司法解释没有明确规定时，可参照适用公司法的有关规定。

第三条 原告以公司法第二十二条第二款、第七十四条第二款规定事由，向人民法院提起诉讼时，超过公司法规定期限的，人民法院不予受理。

第四条 公司法第一百五十一条规定的180日以上连续持股期间，

应为股东向人民法院提起诉讼时，已期满的持股时间；规定的合计持有公司百分之一以上股份，是指两个以上股东持股份额的合计。

第五条 人民法院对公司法实施前已经终审的案件依法进行再审时，不适用公司法的规定。

第六条 本规定自公布之日起实施。

最高人民法院关于适用《中华人民共和国公司法》若干问题的规定（二）

（2008 年 5 月 5 日最高人民法院审判委员会第 1447 次会议通过）

为正确适用《中华人民共和国公司法》，结合审判实践，就人民法院审理公司解散和清算案件适用法律问题作出如下规定。

第一条 单独或者合计持有公司全部股东表决权百分之十以上的股东，以下列事由之一提起解散公司诉讼，并符合公司法第一百八十二条规定的，人民法院应予受理：

（一）公司持续两年以上无法召开股东会或者股东大会，公司经营管理发生严重困难的；

（二）股东表决时无法达到法定或者公司章程规定的比例，持续两年以上不能做出有效的股东会或者股东大会决议，公司经营管理发生严重困难的；

（三）公司董事长期冲突，且无法通过股东会或者股东大会解决，公司经营管理发生严重困难的；

（四）经营管理发生其他严重困难，公司继续存续会使股东利益受到重大损失的情形。

股东以知情权、利润分配请求权等权益受到损害，或者公司亏损、财产不足以偿还全部债务，以及公司被吊销企业法人营业执照未进行清算等为由，提起解散公司诉讼的，人民法院不予受理。

第二条 股东提起解散公司诉讼，同时又申请人民法院对公司进行清算的，人民法院对其提出的清算申请不予受理。人民法院可以告知原告，在人民法院判决解散公司后，依据公司法第一百八十三条和本规定第七条的规定，自行组织清算或者另行申请人民法院对公司进行清算。

第三条 股东提起解散公司诉讼时，向人民法院申请财产保全或者证据保全的，在股东提供担保且不影响公司正常经营的情形下，人民法院可予以保全。

第四条 股东提起解散公司诉讼应当以公司为被告。

原告以其他股东为被告一并提起诉讼的，人民法院应当告知原告将其他股东变更为第三人；原告坚持不予变更的，人民法院应当驳回原告对其他股东的起诉。

原告提起解散公司诉讼应当告知其他股东，或者由人民法院通知其参加诉讼。其他股东或者有关利害关系人申请以共同原告或者第三人身份参加诉讼的，人民法院应予准许。

第五条 人民法院审理解散公司诉讼案件，应当注重调解。当事人协商同意由公司或者股东收购股份，或者以减资等方式使公司存续，且不违反法律、行政法规强制性规定的，人民法院应予支持。当事人不能协商一致使公司存续的，人民法院应当及时判决。

经人民法院调解公司收购原告股份的，公司应当自调解书生效之日

　　　　　　　　　　　／律师谈公司治理

起六个月内将股份转让或者注销。股份转让或者注销之前，原告不得以公司收购其股份为由对抗公司债权人。

第六条 人民法院关于解散公司诉讼作出的判决，对公司全体股东具有法律约束力。

人民法院判决驳回解散公司诉讼请求后，提起该诉讼的股东或者其他股东又以同一事实和理由提起解散公司诉讼的，人民法院不予受理。

第七条 公司应当依照公司法第一百八十三条的规定，在解散事由出现之日起十五日内成立清算组，开始自行清算。

有下列情形之一，债权人申请人民法院指定清算组进行清算的，人民法院应予受理：

（一）公司解散逾期不成立清算组进行清算的；

（二）虽然成立清算组但故意拖延清算的；

（三）违法清算可能严重损害债权人或者股东利益的。

具有本条第二款所列情形，而债权人未提起清算申请，公司股东申请人民法院指定清算组对公司进行清算的，人民法院应予受理。

第八条 人民法院受理公司清算案件，应当及时指定有关人员组成清算组。

清算组成员可以从下列人员或者机构中产生：

（一）公司股东、董事、监事、高级管理人员；

（二）依法设立的律师事务所、会计师事务所、破产清算事务所等社会中介机构；

（三）依法设立的律师事务所、会计师事务所、破产清算事务所等社会中介机构中具备相关专业知识并取得执业资格的人员。

第九条　人民法院指定的清算组成员有下列情形之一的，人民法院可以根据债权人、股东的申请，或者依职权更换清算组成员：

（一）有违反法律或者行政法规的行为；

（二）丧失执业能力或者民事行为能力；

（三）有严重损害公司或者债权人利益的行为。

第十条　公司依法清算结束并办理注销登记前，有关公司的民事诉讼，应当以公司的名义进行。

公司成立清算组的，由清算组负责人代表公司参加诉讼；尚未成立清算组的，由原法定代表人代表公司参加诉讼。

第十一条　公司清算时，清算组应当按照公司法第一百八十五条的规定，将公司解散清算事宜书面通知全体已知债权人，并根据公司规模和营业地域范围在全国或者公司注册登记地省级有影响的报纸上进行公告。

清算组未按照前款规定履行通知和公告义务，导致债权人未及时申报债权而未获清偿，债权人主张清算组成员对因此造成的损失承担赔偿责任的，人民法院应依法予以支持。

第十二条　公司清算时，债权人对清算组核定的债权有异议的，可以要求清算组重新核定。清算组不予重新核定，或者债权人对重新核定的债权仍有异议，债权人以公司为被告向人民法院提起诉讼请求确认的，人民法院应予受理。

第十三条　债权人在规定的期限内未申报债权，在公司清算程序终结前补充申报的，清算组应予登记。

公司清算程序终结，是指清算报告经股东会、股东大会或者人民法

　　　　　　　　　／律师谈公司治理

院确认完毕。

第十四条 债权人补充申报的债权，可以在公司尚未分配财产中依法清偿。公司尚未分配财产不能全额清偿，债权人主张股东以其在剩余财产分配中已经取得的财产予以清偿的，人民法院应予支持；但债权人因重大过错未在规定期限内申报债权的除外。

债权人或者清算组，以公司尚未分配财产和股东在剩余财产分配中已经取得的财产不能全额清偿补充申报的债权为由，向人民法院提出破产清算申请的，人民法院不予受理。

第十五条 公司自行清算的，清算方案应当报股东会或者股东大会决议确认；人民法院组织清算的，清算方案应当报人民法院确认。未经确认的清算方案，清算组不得执行。

执行未经确认的清算方案给公司或者债权人造成损失，公司、股东或者债权人主张清算组成员承担赔偿责任的，人民法院应依法予以支持。

第十六条 人民法院组织清算的，清算组应当自成立之日起六个月内清算完毕。

因特殊情况无法在六个月内完成清算的，清算组应当向人民法院申请延长。

第十七条 人民法院指定的清算组在清理公司财产、编制资产负债表和财产清单时，发现公司财产不足清偿债务的，可以与债权人协商制作有关债务清偿方案。

债务清偿方案经全体债权人确认且不损害其他利害关系人利益的，人民法院可依清算组的申请裁定予以认可。清算组依据该清偿方案清偿债务后，应当向人民法院申请裁定终结清算程序。

债权人对债务清偿方案不予确认或者人民法院不予认可的，清算组应当依法向人民法院申请宣告破产。

第十八条 有限责任公司的股东、股份有限公司的董事和控股股东未在法定期限内成立清算组开始清算，导致公司财产贬值、流失、毁损或者灭失，债权人主张其在造成损失范围内对公司债务承担赔偿责任的，人民法院应依法予以支持。

有限责任公司的股东、股份有限公司的董事和控股股东因怠于履行义务，导致公司主要财产、账册、重要文件等灭失，无法进行清算，债权人主张其对公司债务承担连带清偿责任的，人民法院应依法予以支持。

上述情形系实际控制人原因造成，债权人主张实际控制人对公司债务承担相应民事责任的，人民法院应依法予以支持。

第十九条 有限责任公司的股东、股份有限公司的董事和控股股东，以及公司的实际控制人在公司解散后，恶意处置公司财产给债权人造成损失，或者未经依法清算，以虚假的清算报告骗取公司登记机关办理法人注销登记，债权人主张其对公司债务承担相应赔偿责任的，人民法院应依法予以支持。

第二十条 公司解散应当在依法清算完毕后，申请办理注销登记。公司未经清算即办理注销登记，导致公司无法进行清算，债权人主张有限责任公司的股东、股份有限公司的董事和控股股东，以及公司的实际控制人对公司债务承担清偿责任的，人民法院应依法予以支持。

公司未经依法清算即办理注销登记，股东或者第三人在公司登记机关办理注销登记时承诺对公司债务承担责任，债权人主张其对公司债务承担相应民事责任的，人民法院应依法予以支持。

第二十一条　有限责任公司的股东、股份有限公司的董事和控股股东，以及公司的实际控制人为二人以上的，其中一人或者数人按照本规定第十八条和第二十条第一款的规定承担民事责任后，主张其他人员按照过错大小分担责任的，人民法院应依法予以支持。

第二十二条　公司解散时，股东尚未缴纳的出资均应作为清算财产。股东尚未缴纳的出资，包括到期应缴未缴的出资，以及依照公司法第二十六条和第八十条的规定分期缴纳尚未届满缴纳期限的出资。

公司财产不足以清偿债务时，债权人主张未缴出资股东，以及公司设立时的其他股东或者发起人在未缴出资范围内对公司债务承担连带清偿责任的，人民法院应依法予以支持。

第二十三条　清算组成员从事清算事务时，违反法律、行政法规或者公司章程给公司或者债权人造成损失，公司或者债权人主张其承担赔偿责任的，人民法院应依法予以支持。

有限责任公司的股东、股份有限公司连续一百八十日以上单独或者合计持有公司百分之一以上股份的股东，依据公司法第一百五十一条第三款的规定，以清算组成员有前款所述行为为由向人民法院提起诉讼的，人民法院应予受理。

公司已经清算完毕注销，上述股东参照公司法第一百五十一条第三款的规定，直接以清算组成员为被告、其他股东为第三人向人民法院提起诉讼的，人民法院应予受理。

第二十四条　解散公司诉讼案件和公司清算案件由公司住所地人民

法院管辖。公司住所地是指公司主要办事机构所在地。公司办事机构所在地不明确的，由其注册地人民法院管辖。

基层人民法院管辖县、县级市或者区的公司登记机关核准登记公司的解散诉讼案件和公司清算案件；中级人民法院管辖地区、地级市以上的公司登记机关核准登记公司的解散诉讼案件和公司清算案件。

最高人民法院关于适用《中华人民共和国公司法》
若干问题的规定（三）

（2010 年 12 月 6 日最高人民法院审判委员会第 1504 次会议通过）

为正确适用《中华人民共和国公司法》，结合审判实践，就人民法院审理公司设立、出资、股权确认等纠纷案件适用法律问题作出如下规定。

第一条 为设立公司而签署公司章程、向公司认购出资或者股份并履行公司设立职责的人，应当认定为公司的发起人，包括有限责任公司设立时的股东。

第二条 发起人为设立公司以自己名义对外签订合同，合同相对人请求该发起人承担合同责任的，人民法院应予支持。

公司成立后对前款规定的合同予以确认，或者已经实际享有合同权利或者履行合同义务，合同相对人请求公司承担合同责任的，人民法院应予支持。

第三条 发起人以设立中公司名义对外签订合同，公司成立后合同相对人请求公司承担合同责任的，人民法院应予支持。

／律师谈公司治理

公司成立后有证据证明发起人利用设立中公司的名义为自己的利益与相对人签订合同，公司以此为由主张不承担合同责任的，人民法院应予支持，但相对人为善意的除外。

第四条 公司因故未成立，债权人请求全体或者部分发起人对设立公司行为所产生的费用和债务承担连带清偿责任的，人民法院应予支持。

部分发起人依照前款规定承担责任后，请求其他发起人分担的，人民法院应当判令其他发起人按照约定的责任承担比例分担责任；没有约定责任承担比例的，按照约定的出资比例分担责任；没有约定出资比例的，按照均等份额分担责任。

因部分发起人的过错导致公司未成立，其他发起人主张其承担设立行为所产生的费用和债务的，人民法院应当根据过错情况，确定过错一方的责任范围。

第五条 发起人因履行公司设立职责造成他人损害，公司成立后受害人请求公司承担侵权赔偿责任的，人民法院应予支持；公司未成立，受害人请求全体发起人承担连带赔偿责任的，人民法院应予支持。

公司或者无过错的发起人承担赔偿责任后，可以向有过错的发起人追偿。

第六条 股份有限公司的认股人未按期缴纳所认股份的股款，经公司发起人催缴后在合理期间内仍未缴纳，公司发起人对该股份另行募集的，人民法院应当认定该募集行为有效。认股人延期缴纳股款给公司造成损失，公司请求该认股人承担赔偿责任的，人民法院应予支持。

第七条 出资人以不享有处分权的财产出资，当事人之间对于出资行为效力产生争议的，人民法院可以参照物权法第一百零六条的规定予以认定。

以贪污、受贿、侵占、挪用等违法犯罪所得的货币出资后取得股权的，对违法犯罪行为予以追究、处罚时，应当采取拍卖或者变卖的方式处置其股权。

第八条　出资人以划拨土地使用权出资，或者以设定权利负担的土地使用权出资，公司、其他股东或者公司债权人主张认定出资人未履行出资义务的，人民法院应当责令当事人在指定的合理期间内办理土地变更手续或者解除权利负担；逾期未办理或者未解除的，人民法院应当认定出资人未依法全面履行出资义务。

第九条　出资人以非货币财产出资，未依法评估作价，公司、其他股东或者公司债权人请求认定出资人未履行出资义务的，人民法院应当委托具有合法资格的评估机构对该财产评估作价。评估确定的价额显著低于公司章程所定价额的，人民法院应当认定出资人未依法全面履行出资义务。

第十条　出资人以房屋、土地使用权或者需要办理权属登记的知识产权等财产出资，已经交付公司使用但未办理权属变更手续，公司、其他股东或者公司债权人主张认定出资人未履行出资义务的，人民法院应当责令当事人在指定的合理期间内办理权属变更手续；在前述期间内办理了权属变更手续的，人民法院应当认定其已经履行了出资义务；出资人主张自其实际交付财产给公司使用时享有相应股东权利的，人民法院应予支持。

出资人以前款规定的财产出资，已经办理权属变更手续但未交付给公司使用，公司或者其他股东主张其向公司交付、并在实际交付之前不享有相应股东权利的，人民法院应予支持。

第十一条　出资人以其他公司股权出资，符合下列条件的，人民法院应当认定出资人已履行出资义务：

（一）出资的股权由出资人合法持有并依法可以转让；

（二）出资的股权无权利瑕疵或者权利负担；

（三）出资人已履行关于股权转让的法定手续；

（四）出资的股权已依法进行了价值评估。

股权出资不符合前款第（一）、（二）、（三）项的规定，公司、其他股东或者公司债权人请求认定出资人未履行出资义务的，人民法院应当责令该出资人在指定的合理期间内采取补正措施，以符合上述条件；逾期未补正的，人民法院应当认定其未依法全面履行出资义务。

股权出资不符合本条第一款第（四）项的规定，公司、其他股东或者公司债权人请求认定出资人未履行出资义务的，人民法院应当按照本规定第九条的规定处理。

第十二条　公司成立后，公司、股东或者公司债权人以相关股东的行为符合下列情形之一且损害公司权益为由，请求认定该股东抽逃出资的，人民法院应予支持：

（一）制作虚假财务会计报表虚增利润进行分配；

（二）通过虚构债权债务关系将其出资转出；

（三）利用关联交易将出资转出；

（四）其他未经法定程序将出资抽回的行为。

第十三条　股东未履行或者未全面履行出资义务，公司或者其他股东请求其向公司依法全面履行出资义务的，人民法院应予支持。

公司债权人请求未履行或者未全面履行出资义务的股东在未出资本息范围内对公司债务不能清偿的部分承担补充赔偿责任的，人民法院应予支持；未履行或者未全面履行出资义务的股东已经承担上述责任，其他债权人提出相同请求的，人民法院不予支持。

股东在公司设立时未履行或者未全面履行出资义务，依照本条第一款或者第二款提起诉讼的原告，请求公司的发起人与被告股东承担连带责任的，人民法院应予支持；公司的发起人承担责任后，可以向被告股东追偿。

股东在公司增资时未履行或者未全面履行出资义务，依照本条第一款或者第二款提起诉讼的原告，请求未尽公司法第一百四十七条第一款规定的义务而使出资未缴足的董事、高级管理人员承担相应责任的，人民法院应予支持；董事、高级管理人员承担责任后，可以向被告股东追偿。

第十四条 股东抽逃出资，公司或者其他股东请求其向公司返还出资本息，协助抽逃出资的其他股东、董事、高级管理人员或者实际控制人对此承担连带责任的，人民法院应予支持。

公司债权人请求抽逃出资的股东在抽逃出资本息范围内对公司债务不能清偿的部分承担补充赔偿责任，协助抽逃出资的其他股东、董事、高级管理人员或者实际控制人对此承担连带责任的，人民法院应予支持；抽逃出资的股东已经承担上述责任，其他债权人提出相同请求的，人民法院不予支持。

第十五条 出资人以符合法定条件的非货币财产出资后，因市场变化或者其他客观因素导致出资财产贬值，公司、其他股东或者公司债权人请求该出资人承担补足出资责任的，人民法院不予支持。但是，当事人另有约定的除外。

第十六条 股东未履行或者未全面履行出资义务或者抽逃出资，公司根据公司章程或者股东会决议对其利润分配请求权、新股优先认购权、剩余财产分配请求权等股东权利作出相应的合理限制，该股东请求认定该限制无效的，人民法院不予支持。

第十七条 有限责任公司的股东未履行出资义务或者抽逃全部出资，经公司催告缴纳或者返还，其在合理期间内仍未缴纳或者返还出资，公司以股东会决议解除该股东的股东资格，该股东请求确认该解除行为无效的，人民法院不予支持。

在前款规定的情形下，人民法院在判决时应当释明，公司应当及时办理法定减资程序或者由其他股东或者第三人缴纳相应的出资。在办理法定减资程序或者其他股东或者第三人缴纳相应的出资之前，公司债权人依照本规定第十三条或者第十四条请求相关当事人承担相应责任的，人民法院应予支持。

第十八条 有限责任公司的股东未履行或者未全面履行出资义务即转让股权，受让人对此知道或者应当知道，公司请求该股东履行出资义务、受让人对此承担连带责任的，人民法院应予支持；公司债权人依照本规定第十三条第二款向该股东提起诉讼，同时请求前述受让人对此承担连带责任的，人民法院应予支持。

受让人根据前款规定承担责任后，向该未履行或者未全面履行出资义务的股东追偿的，人民法院应予支持。但是，当事人另有约定的除外。

第十九条　公司股东未履行或者未全面履行出资义务或者抽逃出资，公司或者其他股东请求其向公司全面履行出资义务或者返还出资，被告股东以诉讼时效为由进行抗辩的，人民法院不予支持。

公司债权人的债权未过诉讼时效期间，其依照本规定第十三条第二款、第十四条第二款的规定请求未履行或者未全面履行出资义务或者抽逃出资的股东承担赔偿责任，被告股东以出资义务或者返还出资义务超过诉讼时效期间为由进行抗辩的，人民法院不予支持。

第二十条　当事人之间对是否已履行出资义务发生争议，原告提供对股东履行出资义务产生合理怀疑证据的，被告股东应当就其已履行出资义务承担举证责任。

第二十一条　当事人向人民法院起诉请求确认其股东资格的，应当以公司为被告，与案件争议股权有利害关系的人作为第三人参加诉讼。

第二十二条　当事人之间对股权归属发生争议，一方请求人民法院确认其享有股权的，应当证明以下事实之一：

（一）已经依法向公司出资或者认缴出资，且不违反法律法规强制性规定；

（二）已经受让或者以其他形式继受公司股权，且不违反法律法规强制性规定。

第二十三条　当事人依法履行出资义务或者依法继受取得股权后，公司未根据公司法第三十一条、第三十二条的规定签发出资证明书、记载于股东名册并办理公司登记机关登记，当事人请求公司履行上述义务的，人民法院应予支持。

　　　　　　　　　　　　/ 律师谈公司治理

第二十四条　有限责任公司的实际出资人与名义出资人订立合同，约定由实际出资人出资并享有投资权益，以名义出资人为名义股东，实际出资人与名义股东对该合同效力发生争议的，如无合同法第五十二条规定的情形，人民法院应当认定该合同有效。

前款规定的实际出资人与名义股东因投资权益的归属发生争议，实际出资人以其实际履行了出资义务为由向名义股东主张权利的，人民法院应予支持。名义股东以公司股东名册记载、公司登记机关登记为由否认实际出资人权利的，人民法院不予支持。

实际出资人未经公司其他股东半数以上同意，请求公司变更股东、签发出资证明书、记载于股东名册、记载于公司章程并办理公司登记机关登记的，人民法院不予支持。

第二十五条　名义股东将登记于其名下的股权转让、质押或者以其他方式处分，实际出资人以其对于股权享有实际权利为由，请求认定处分股权行为无效的，人民法院可以参照物权法第一百零六条的规定处理。

名义股东处分股权造成实际出资人损失，实际出资人请求名义股东承担赔偿责任的，人民法院应予支持。

第二十六条　公司债权人以登记于公司登记机关的股东未履行出资义务为由，请求其对公司债务不能清偿的部分在未出资本息范围内承担补充赔偿责任，股东以其仅为名义股东而非实际出资人为由进行抗辩的，人民法院不予支持。

名义股东根据前款规定承担赔偿责任后，向实际出资人追偿的，人民法院应予支持。

第二十七条　股权转让后尚未向公司登记机关办理变更登记，原股东将仍登记于其名下的股权转让、质押或者以其他方式处分，受让股东以其对于股权享有实际权利为由，请求认定处分股权行为无效的，人民法院可以参照物权法第一百零六条的规定处理。

原股东处分股权造成受让股东损失，受让股东请求原股东承担赔偿责任、对于未及时办理变更登记有过错的董事、高级管理人员或者实际控制人承担相应责任的，人民法院应予支持；受让股东对于未及时办理变更登记也有过错的，可以适当减轻上述董事、高级管理人员或者实际控制人的责任。

第二十八条　冒用他人名义出资并将该他人作为股东在公司登记机关登记的，冒名登记行为人应当承担相应责任；公司、其他股东或者公司债权人以未履行出资义务为由，请求被冒名登记为股东的承担补足出资责任或者对公司债务不能清偿部分的赔偿责任的，人民法院不予支持。

最高人民法院关于适用《中华人民共和国公司法》
若干问题的规定（四）

（法释〔2017〕16号）

为正确适用《中华人民共和国公司法》，结合人民法院审判实践，现就公司决议效力、股东知情权、利润分配权、优先购买权和股东代表诉讼等案件适用法律问题作出如下规定。

第一条　公司股东、董事、监事等请求确认股东会或者股东大会、

／律师谈公司治理

董事会决议无效或者不成立的，人民法院应当依法予以受理。

第二条　依据公司法第二十二条第二款请求撤销股东会或者股东大会、董事会决议的原告，应当在起诉时具有公司股东资格。

第三条　原告请求确认股东会或者股东大会、董事会决议不成立、无效或者撤销决议的案件，应当列公司为被告。对决议涉及的其他利害关系人，可以依法列为第三人。

一审法庭辩论终结前，其他有原告资格的人以相同的诉讼请求申请参加前款规定诉讼的，可以列为共同原告。

第四条　股东请求撤销股东会或者股东大会、董事会决议，符合公司法第二十二条第二款规定的，人民法院应当予以支持，但会议召集程序或者表决方式仅有轻微瑕疵，且对决议未产生实质影响的，人民法院不予支持。

第五条　股东会或者股东大会、董事会决议存在下列情形之一，当事人主张决议不成立的，人民法院应当予以支持：

（一）公司未召开会议的，但依据公司法第三十七条第二款或者公司章程规定可以不召开股东会或者股东大会而直接作出决定，并由全体股东在决定文件上签名、盖章的除外；

（二）会议未对决议事项进行表决的；

（三）出席会议的人数或者股东所持表决权不符合公司法或者公司章程规定的；

（四）会议的表决结果未达到公司法或者公司章程规定的通过比例的；

（五）导致决议不成立的其他情形。

第六条　股东会或者股东大会、董事会决议被人民法院判决确认无效或者撤销的，公司依据该决议与善意相对人形成的民事法律关系不受影响。

第七条　股东依据公司法第三十三条、第九十七条或者公司章程的规定，起诉请求查阅或者复制公司特定文件材料的，人民法院应当依法予以受理。

公司有证据证明前款规定的原告在起诉时不具有公司股东资格的，人民法院应当驳回起诉，但原告有初步证据证明在持股期间其合法权益受到损害，请求依法查阅或者复制其持股期间的公司特定文件材料的除外。

第八条　有限责任公司有证据证明股东存在下列情形之一的，人民法院应当认定股东有公司法第三十三条第二款规定的"不正当目的"：

（一）股东自营或者为他人经营与公司主营业务有实质性竞争关系业务的，但公司章程另有规定或者全体股东另有约定的除外；

（二）股东为了向他人通报有关信息查阅公司会计账簿，可能损害公司合法利益的；

（三）股东在向公司提出查阅请求之日前的三年内，曾通过查阅公司会计账簿，向他人通报有关信息损害公司合法利益的；

（四）股东有不正当目的的其他情形。

第九条　公司章程、股东之间的协议等实质性剥夺股东依据公司法第三十三条、第九十七条规定查阅或者复制公司文件材料的权利，公司以此为由拒绝股东查阅或者复制的，人民法院不予支持。

第十条　人民法院审理股东请求查阅或者复制公司特定文件材料的

　　　　　　　　　　　　/ 律师谈公司治理

案件，对原告诉讼请求予以支持的，应当在判决中明确查阅或者复制公司特定文件材料的时间、地点和特定文件材料的名录。

股东依据人民法院生效判决查阅公司文件材料的，在该股东在场的情况下，可以由会计师、律师等依法或者依据执业行为规范负有保密义务的中介机构执业人员辅助进行。

第十一条 股东行使知情权后泄露公司商业秘密导致公司合法利益受到损害，公司请求该股东赔偿相关损失的，人民法院应当予以支持。

根据本规定第十条辅助股东查阅公司文件材料的会计师、律师等泄露公司商业秘密导致公司合法利益受到损害，公司请求其赔偿相关损失的，人民法院应当予以支持。

第十二条 公司董事、高级管理人员等未依法履行职责，导致公司未依法制作或者保存公司法第三十三条、第九十七条规定的公司文件材料，给股东造成损失，股东依法请求负有相应责任的公司董事、高级管理人员承担民事赔偿责任的，人民法院应当予以支持。

第十三条 股东请求公司分配利润案件，应当列公司为被告。

一审法庭辩论终结前，其他股东基于同一分配方案请求分配利润并申请参加诉讼的，应当列为共同原告。

第十四条 股东提交载明具体分配方案的股东会或者股东大会的有效决议，请求公司分配利润，公司拒绝分配利润且其关于无法执行决议的抗辩理由不成立的，人民法院应当判决公司按照决议载明的具体分配方案向股东分配利润。

第十五条 股东未提交载明具体分配方案的股东会或者股东大会决议，请求公司分配利润的，人民法院应当驳回其诉讼请求，但违反法律规定滥用股东权利导致公司不分配利润，给其他股东造成损失的除外。

第十六条　有限责任公司的自然人股东因继承发生变化时，其他股东主张依据公司法第七十一条第三款规定行使优先购买权的，人民法院不予支持，但公司章程另有规定或者全体股东另有约定的除外。

第十七条　有限责任公司的股东向股东以外的人转让股权，应就其股权转让事项以书面或者其他能够确认收悉的合理方式通知其他股东征求同意。其他股东半数以上不同意转让，不同意的股东不购买的，人民法院应当认定视为同意转让。

经股东同意转让的股权，其他股东主张转让股东应当向其以书面或者其他能够确认收悉的合理方式通知转让股权的同等条件的，人民法院应当予以支持。

经股东同意转让的股权，在同等条件下，转让股东以外的其他股东主张优先购买的，人民法院应当予以支持，但转让股东依据本规定第二十条放弃转让的除外。

第十八条　人民法院在判断是否符合公司法第七十一条第三款及本规定所称的"同等条件"时，应当考虑转让股权的数量、价格、支付方式及期限等因素。

第十九条　有限责任公司的股东主张优先购买转让股权的，应当在收到通知后，在公司章程规定的行使期间内提出购买请求。公司章程没有规定行使期间或者规定不明确的，以通知确定的期间为准，通知确定的期间短于三十日或者未明确行使期间的，行使期间为三十日。

第二十条　有限责任公司的转让股东，在其他股东主张优先购买后又不同意转让股权的，对其他股东优先购买的主张，人民法院不予支持，但公司章程另有规定或者全体股东另有约定的除外。其他股东主张转让股东赔偿其损失合理的，人民法院应当予以支持。

第二十一条 有限责任公司的股东向股东以外的人转让股权，未就其股权转让事项征求其他股东意见，或者以欺诈、恶意串通等手段，损害其他股东优先购买权，其他股东主张按照同等条件购买该转让股权的，人民法院应当予以支持，但其他股东自知道或者应当知道行使优先购买权的同等条件之日起三十日内没有主张，或者自股权变更登记之日起超过一年的除外。

前款规定的其他股东仅提出确认股权转让合同及股权变动效力等请求，未同时主张按照同等条件购买转让股权的，人民法院不予支持，但其他股东非因自身原因导致无法行使优先购买权，请求损害赔偿的除外。

股东以外的股权受让人，因股东行使优先购买权而不能实现合同目的的，可以依法请求转让股东承担相应民事责任。

第二十二条 通过拍卖向股东以外的人转让有限责任公司股权的，适用公司法第七十一条第二款、第三款或者第七十二条规定的"书面通知""通知""同等条件"时，根据相关法律、司法解释确定。

在依法设立的产权交易场所转让有限责任公司国有股权的，适用公司法第七十一条第二款、第三款或者第七十二条规定的"书面通知""通知""同等条件"时，可以参照产权交易场所的交易规则。

第二十三条 监事会或者不设监事会的有限责任公司的监事依据公司法第一百五十一条第一款规定对董事、高级管理人员提起诉讼的，应当列公司为原告，依法由监事会主席或者不设监事会的有限责任公司的监事代表公司进行诉讼。

董事会或者不设董事会的有限责任公司的执行董事依据公司法第一百五十一条第一款规定对监事提起诉讼的，或者依据公司法第一百五十一条第三款规定对他人提起诉讼的，应当列公司为原告，依法由董事长或者执行董事代表公司进行诉讼。

第二十四条　符合公司法第一百五十一条第一款规定条件的股东，依据公司法第一百五十一条第二款、第三款规定，直接对董事、监事、高级管理人员或者他人提起诉讼的，应当列公司为第三人参加诉讼。

一审法庭辩论终结前，符合公司法第一百五十一条第一款规定条件的其他股东，以相同的诉讼请求申请参加诉讼的，应当列为共同原告。

第二十五条　股东依据公司法第一百五十一条第二款、第三款规定直接提起诉讼的案件，胜诉利益归属于公司。股东请求被告直接向其承担民事责任的，人民法院不予支持。

第二十六条　股东依据公司法第一百五十一条第二款、第三款规定直接提起诉讼的案件，其诉讼请求部分或者全部得到人民法院支持的，公司应当承担股东因参加诉讼支付的合理费用。

第二十七条　本规定自 2017 年 9 月 1 日起施行。

本规定施行后尚未终审的案件，适用本规定；本规定施行前已经终审的案件，或者适用审判监督程序再审的案件，不适用本规定。

致 谢

　　本书起意于 2016 年 9 月《领读公司法》出版之时,《领读公司法》采取专题的方式,列示了包括公司法人治理在内的十九个专题,记得当时编辑就曾问过我,如果后续单独成册会优先哪个专题? 我毫不犹豫地回答是公司治理,连本书的题目,也是在那个时间就已经确定的。

　　之所以如此,一方面是我本人对公司治理这个题目感兴趣;另一方面由于《领读公司法》是关于公司、公司法以及公司设立与运营的框架性认识,相对粗略一些,而公司治理方面的相关理论、实践可以与上述框架性认识相呼应,可以给市场更好的关于公司、公司法、公司设立与运营以及未来能够走得更远的思考,也是完成我作为一名律师从法律角度更好地给商务人士诠释公司法的使命。所以要趁热打铁。

　　时隔两年,《律师谈公司治理》得以出版,心中充满了感激。

　　首先要感谢《领读公司法》的读者们。《领读公司法》是我写的第一本书,坦率地说,写的时候是一气呵成,但交给大家的时候却是忐忑不安。没想到这本书出版后获得了来自社会各界的支持与鼓励:他们是在京东上购书并读完后写留言的 200 多位素不相识的朋友,是通过邮件和留言指出书中错误且至今也未能谋面的朋友,以及阅读后积极写书评进行推介的朋友,也有就书中某个观点提出不同意见而与我单独交流的朋友，很多朋友说这本书已经成了他们的"枕边书"，通过本书我也结识了许多新的朋友。读者的支持与鼓励，才是《律师谈公司治理》这本书能够启动的真正动力。

还要感谢为本书提出修改意见的各位老朋友：他们是钱伟先生、中信建投证券保代张星明先生、国泰君安投行执行董事/保代/律师李振先生、澳柯玛证券事务代表季修宪先生以及康达证券部的同事，他们从各个不同的角度为本书提供了积极的修改意见和思路。坦率地说，公司治理作为一个跨学科的题目，如果缺少财务、融资与管理方面的内容，不免单薄。所以，保代及财务顾问的视角能够有效补充法律角度的不足。

继续感谢康达证券部的小伙伴们，一方面，书中很多思考与案例来自我们的项目，包括已完成项目和在做的项目；另一方面，小伙伴们在项目、工作上的支持，才使我有机会静下心来完成本书的写作与一次次修改。

最后感谢康达律师事务所合伙人会议主席付洋先生、新华锦董事长张建华先生和泰德股份董事长张新生先生的持续鼓励与推荐。付洋先生作为前辈，曾参与1994年《公司法》的起草，对于我写作这两本公司法方面的书更是给予了极大的鼓励。他称我此举并非"不务正业"。是啊，作为律师，在拥有客户的同时，还可以拥有读者朋友，岂不乐哉？张建华董事长作为企业家，在忙于企业管理的同时，对于法律问题的理解与钻研确实令我感动，与张总的沟通可以更好地开拓我们用法律思维解决疑难复杂问题的思路。泰德股份是我所多年客户，这些年来我们一起应对困难，解决问题，也共同成长。

当然，不忘感谢社会科学文献出版社副总编辑周丽大姐与责任编辑王楠楠给予的持续鼓励与支持，正是她们不厌其烦地与我交流并提出修改意见，才有了本书的最终完稿。

虽然有《领读公司法》做铺垫，但本书写起来一点儿也不轻松。所以，是不是也要感谢一下自己？

张力

2018 年 10 月 于北京

图书在版编目(CIP)数据

律师谈公司治理 / 张力著 . --北京:社会科学文
献出版社,2018.10(2019.1 重印)
ISBN 978-7-5201-3325-8

Ⅰ.①律… Ⅱ.①张… Ⅲ.①公司-企业管理 Ⅳ.
①F276.6

中国版本图书馆 CIP 数据核字(2018)第 193457 号

律师谈公司治理

著　　者 / 张　力

出 版 人 / 谢寿光
项目统筹 / 周　丽　王楠楠
责任编辑 / 王楠楠

出　　版 / 社会科学文献出版社·经济与管理分社(010)59367226
　　　　　　地址:北京市北三环中路甲 29 号院华龙大厦　邮编:100029
　　　　　　网址:www. ssap. com. cn
发　　行 / 市场营销中心(010)59367081　59367083
印　　装 / 天津千鹤文化传播有限公司

规　　格 / 开本:787mm×1092mm　1/16
　　　　　　印 张:16.25　字 数:201 千字
版　　次 / 2018 年 10 月第 1 版　2019 年 1 月第 2 次印刷
书　　号 / ISBN 978-7-5201-3325-8
定　　价 / 69.00 元

本书如有印装质量问题,请与读者服务中心(010-59367028)联系